# 日本にとって最大の危機とは？

〝情熱の外交官〟岡本行夫最後の講演録

岡本行夫

文藝春秋

# 日本にとって最大の危機とは？

〝情熱の外交官〟岡本行夫 最後の講演録

装丁　　　関口聖司
表紙カバー写真　岡本アソシエイツ提供

目次

中国の存在感／アメリカは尖閣問題の当事者／アーミテージの信念／朝鮮半島の統一／「ワシントンが灰になるぞ」／なぜ習近平は金正恩を呼んだか／トランプを手玉に取った金正恩／日本に届くミサイルは残る？／中曽根首相のメッセージ／30年後の東アジア／中国が世界最強国家に／電光石火のうちに台湾を降伏させる／20年代後半から30年代前半に日中軍事衝突／テクノロジーの爆発／悪化する気候変動／干ばつ、山火事、ハリケーン、酷暑／ニューヨーク、フロリダ、東京が水没



漸進国家・日本の敗退／一番大事なのはボキャブラリー／世界のトップ企業50に日本は1社のみ／自分で守るか、他人に守ってもらうか、丸裸になるか／平和と自由とどちらが大切ですか／北朝鮮と中国は公正と信義の国か／普通の国防意識をもつ／日米同盟か、武装中立か、非武装中立か／武装中立と非武装中立の違い／日米安保の基本は「抑止」／安保条約はどういう内容なのか／敵基地攻撃能力は合憲／日本の安全保障体制の課題／アメリカ艦隊を自衛隊がエスコート／「超安全」でも感謝／130億ドルを出す必要はあったのか／世界の公共財の負担／アジア諸国との和解／一貫して加害者／なぜ韓国は怨念をもつのか／昭和は「魔法の森」

## 序文　「ただいま離席中……ですか」

　岡本さんに関する伝説で、とりわけ私が複数の方から繰り返し聞き及んだのは、外務省の本省勤務時代、岡本さんのデスクの椅子にはいつも上着がかけられていて、でも本人はどこにも居ないというものでした。

　どういう折か忘れてしまいましたが、その伝説についてご本人にうかがったところ、「オカモトはいつもどこかに行っていて仕事をしているかどうかもわかったもんじゃない、って言われて面倒くさいから、上着をかけておけば『ああ、一応は省内に居るんだ』と思われるでしょ。アリバイ作りだな」とあの独特な照れくさそうな笑顔でそう話されていました。

　そのくらいどこにでも行くし、誰とでも会うことを信条とされ、片時もじっとすることなどないというのが私の印象です。岡本さんのあるインタビュー集に「現場主義を貫いた外交官」と副題がつけられていましたが、まさにすぐに現場に飛んでいく、なんの躊躇もなく飛んでいく方でした。しかもなんどでも。

この岡本さんの講演録には、そんな「現場第一のオカモトイズム」はなぜなのか、その原動力はなんなのかが、ぎゅっとつまっています。詳しくはお読みいただきたいのであまり詳細には触れませんが、すべての根底にあるのは「自分より立場が恵まれていない人、困っている人に対する同情の念というのは、人間活動の基本だと思うんです」という他者への思いやり、気の毒な他者をなんとかしようとする断固とした気持ちなのだと気づかされます。

それを「エリートの思い上がり」と断じられたとの経験も臆さず話されていますが、岡本さんのすごいところは、単なる外形的な（学歴とかキャリアの積み上げとかの）エリートではなく、地べたをはいつくばるような交渉をものともせず、他者や他国のために骨身をけずる気高さを自ら体現するエリートであることです。ノーブレス・オブリージュ、この言葉がこれほど似合うのは岡本さんをおいて他には知りません。

## 教科書では学べない「生きている安保論」

岡本さんと出会ったのはブッシュ米大統領（息子）が訪日されたときの歓迎レセプションの席だったと記憶しています。岡本さんは小泉政権の内閣参与という立場でした。

かねてから安全保障の勉強をしたいと思っていたので、その場で「日米安保を勉強したい」と図々しくご指導をお願いした私に、「いつでも訪ねて来てください」と二つ返事で引き受けてくださいました。

以来、私は勝手に岡本さんを「師匠」とさせてもらい、今も携帯には「師匠」のタイトルで岡本さんの番号が登録されたままになっています。

戦闘機のこと、沖縄の基地のこと、そしてこの講演録のなかでも熱く語っていますが、日米安保はなぜ日本にとっての唯一の選択肢なのかなどなど、安保課長時代の実践的な経験に基づいた、教科書では到底学べないようないわば「生きている安保論」の表裏を教えていただきました。

そんな「講義」の最中にある英単語を私が口にしたときに、岡本さんが「えっ何その単語?」と真剣に訊き返されたことがありました。バリバリの元外交官、それも英語もフランス語も堪能《たんのう》な岡本さんがその単語をまさかご存知ないとは思わず、私は自分の使った英単語が幼稚過ぎたのかと恥じ入りました。もしくは私をからかっているのかと。

ところが岡本さんはなんども私が発した「wobbly」という単語を繰り返して、「どういう綴《つづ》り?」「意味は?」とさらに真剣に訊いてくるのです。で、これこれこういう綴りで、意味は「ぐらぐらして不安定なとか不定見」だと思いますと答えました。

あの時の出来事は、この講演録を読んで実は岡本流英語の勉強法だったのだと初めて納得しました。自分の知らないことをどんな相手であっても「それどういうこと?」と聞けるのはとても素敵なことです。ともすると知らないことなどないと知ったかぶりをするのが人間の性で、それを自分が教える立場にある目下の私に「何それ?」と聞けることに人間の器の大きさを感じます。

## 「東電の社員も被災者なんだ」

そういえば、岡本さんは「威張る」人が大嫌いでした。これもなぜかとても心に残っているエピソードなのですが、元米通商代表のミッキー・カンター氏が飛行機の移動にはエコノミークラスを使っているんだよ、と教えてくれたことがありました。通商代表ともなればファーストクラスだって当たり前なのに、自分のそういう立場の権威を振りかざさないカンター氏のあり様に心底感激して「本当に偉い人はぜったいに威張らない」と何度も言っていました。

威張らないことと、どんな相手に対しても自分を飾らないことは同じ根っこを持つ、岡本さんの美学だったと思います。優しさとあたたかさ、困っている人を助ける使命感。その根っこには「威張らない」美学があったのです。

東日本大震災の被災地に飛んで行って、深刻な被害に苦しむ漁業関係者たちのニーズをいち早く聞き取り、冷凍車を送るために6・5億円もの寄付をかき集めたことはこの講演録でも話されていますが、そんな最中に岡本さんから一本の電話をもらいました。内容は福島第一原発に関わることで、メルトダウンを起こした原子炉を冷却するために、どれほど東電の社員たちが現場で奮闘しているかを分かって欲しいというものでした。

私は毎日ほぼ特別番組の放送にあたっていて、福島第一の原子炉の状態が実はどうなっているのか、どうやったら冷却がうまく行くのか、そしてそこまでの深刻な被害を出した東電の当事者意識についてかなり厳しい論調で伝えていました。というか、社会全体が「原発と東電許すまじ」という空気でした。

そんな報道の手厳しさについて「福島で起きたことがあまりに多くの人たちの命と生活を奪ったことはもちろん間違いない。けれど東電の社員たちもある意味被災者なんだ」と岡本さんは少し疲れたような声で電話をしてきたのです。

その後福島第一原発の原子炉を冷却するために昼夜を問わない命がけのオペレー

ションが行われていたことを私たちは知ることになったわけですが、あのときの岡本さんは現場の想像を絶する苦悩を誰かが伝えなくてはとの強い思いがあったのだと思います。

## こんなときにどうして岡本さんが居ないのか

沖縄のことにどれほど心を寄せていたかについては、講演で岡本さんが話されているので私からは割愛しますが、岡本さんが酔ってカラオケで歌うのは沖縄の歌「ハイサイおじさん」でした。しかも頭にハチマキして。すごく楽しそうに。

岡本さんは新型コロナウイルスに感染して亡くなりました。ご本人の無念さとご家族の気持ちを思うと、言葉を失います。

世界はこの感染症の出現によって新たな価値観に基づく日常や、他国との関係性を築こうと闘っています。こんなときにどうして岡本さんが居ないのか、私は悔しくて仕方がありません。日本にとって、日米関係にとって、世界に発信できる岡本さんが居ないという喪失感ははかり知れません。

私は今、岡本さんの上着がデスクの椅子に掛けられていて、実はちょっと離席しているだけなのではないかと思っています。離席している場合ではありませんよ、師匠。

デスクに戻られるまで、私たちは岡本さんの残した言葉をあらためてかみしめて一歩を踏み出すしかないのかもしれません。早目のお戻りを。

安藤優子（キャスター／ジャーナリスト）

# はじめに

## これからの世界で生きる皆さんに

今日は皆さんが国際人材として活躍されていくうえで、私の経験から大事だと考えたことを用意してきました。何を話そうかと思ったときに、抽象的な話や実体験に基づかないことでは迫力がないでしょう。やはり具体的な経験の中から、具体的な考え方というのを前に出して初めて、人に対して信頼性を得られると考えています。

はじめに自己紹介をすると、私は外務省に入りアメリカ関係の仕事をしてきました。1991年に退官し、それから独立して小さなシンクタンクを作りました。いくつかの会社から会員になってもらっています。

それから橋本（龍太郎）内閣の時に公の仕事に戻り、首相補佐官として沖縄問題を担当しました。5年後に再び首相補佐官として、小泉（純一郎）内閣時にイラク復興を担当しました。

それからはいろいろなことをしてきました。東日本大震災の時には、早期の漁業支援をする「希望の烽火《のろし》基金」を立ち上げました。

2012年から、MIT（マサチューセッツ工科大学）の国際研究センターのシニアフェローにも就《つ》いています。

## 国際感覚を身に着ける

私は皆さんに世界中を見てきてもらいたいと思います。

国際人になるためには、国際感覚を身に着けることが重要です。

いま世界はほんとうに変わってきています。冷戦の時代には世界中が米ソ対決の構造の中にありましたから、日本だけがわがままな生き方をしても許されましたが、いまや日本にもみんなが厳しい目を注いできます。そのときに、世界中がどうなっているかということを知らないということは致命的です。

世界の全体像をつかんで初めて、日本がどこに置かれているかということが分かります。その上で、「国際感覚」と呼ばれるところのバランスで、ものを見ることができるようになるんです。

私は、アメリカとヨーロッパと中近東とアジアに住んでいたことがあります。私の場合には職務上そういう機会があったのですが、どんな世界に入ろうが、世界中へ行ってほしいんです。

たとえば、中近東へ行くとどういうことが分かるか。

私たちは宗教に関して余りにも無頓着です。12月24日に教会へ行ってミサに参列して、31日にはお寺に行って除夜の鐘をついて、1月1日には神社へ行って柏手を打っても、何の矛盾も感じない。

それはそれで1つの生き方です。神道というのは、木にも、森にも、川にも、水にも、すべてに精霊が宿る、八百万《やおよろず》の神様がいる、そういう宗教ですね。

でも世の中はそれだけではない。あの中近東の砂漠の照りつける太陽。一歩外にさまよい出れば砂漠しかない。死が待っています。ギラギラとする真っ青な空が、夜になると宝石を散りばめたような星の空になりますけれども、非常に冷え込みます。そのままいれば凍《こご》え死ぬような気候です。

生と死。闇と明るさ、そういった非常にハッキリした二分法の世界で初めて、正か邪かという一神教の世界が出てくるんです。

世の中に神様はただ1人、それ以外はすべて宗教ではないという厳しさ。私は中近東に行くまでは愚かにも、ユダヤ教とキリスト教とイスラム教が同じ宗教だということを知りませんでした。でも、言われてみればそうなんですね。この3つの宗教はいずれも唯一神、つまり唯一絶対無二の神様が1人いらっしゃるだけ。となると、その差は、その神様のメッセージを我々人間に伝える預言者は、モーセであり、キリストであり、ムハンマドであり、と違いますが、神様は同じ神様なんです。

だからこそ、その中で正統派争いの、厳しい妥協を許さない社会がある。

## まずアメリカを知ってほしい

皆さんには「風土論」について勉強してもらいたいと思います。私も夢中になって和《わ》辻哲郎《つじてつろう》さんという人が昭和十年代に著した本を読みました。自然や文化やそして宗教や、人々の成り立ちというものが、どれだけ違った世界をつくりだしているか。

これは日本にいて、旅行の案内書を見ているだけでは分からないんです。実際に自然の中に身を置いてみることによって、世界の広がりということが分かってきます。

その世界の中でも、私は皆さんに、まずアメリカという国を知ってもらいたい。なぜか。それは日本から言うと、やはりアメリカが一番大切だからです。

いろいろと立場の差はありましょうけれども、客観的な事実として、日本は「安全保障条約」を世界でただ1つ、アメリカだけと結んでいます。世界でアメリカだけが、万一、日本が他国から攻撃を受けた場合には、自分たちの血を流してでも日本を守るという法律的な関係、条約上の関係を持っている、そういう特殊な国です。

だからそういう国のことはやはりまず、一番に知ってもらいたい。

日米関係というのは、いままでのように簡単にはいきません。アメリカには多くの欠点があります。その欠点も、皆さんのご自身の目で見てきてもらいたい。

アメリカの日本に対する関心は、冷めてきています。これから日米関係は大変になっていくと思います。

どのような日米関係をつくるか、私たちの世代は努力しましたが、これからは皆さんがつくっていくんです。与えられた環境の中に皆さんが身を置くわけではなくて、皆さんご自身が自分たちの世界と環境をつくっていく。

だからまずアメリカを知るために、アメリカ中を見て回ってもらいたいんです。あの茫漠《ぼうばく》たる広大さを、身をもって体験してもらいたい。

## 「平民宰相」原敬の主張

私はアメリカ中の海岸線を車で全部走りました。メイン州の漁村の生活、ちょっと南へ下がってボストン、ニューヨーク、ワシントンと、いわゆるイースタン・シーボード（東部海岸線）の都市がずうっと並んでいる。

それからたおやかで暖かな南部のサウスカロライナ、ジョージア。フロリダ半島へ行くと2000キロメートルも海岸が続く。夜、月が輝くと亀がやって来て、涙を流しながら産卵するんです。

また、メキシコ湾流に直面するテキサス州の砂浜。西へ来て、カリフォルニア州からオレゴン州に続く断崖絶壁。

そして何よりも、そこに息づいている人々の非常に豊かな生活、そういうものを見ると、ああどうして俺たちの先輩は、こんな国と戦争することになったんだろうと思います。

それは、単に真珠湾を攻撃した1941年のあの歴史だけに収斂《しゅうれん》するものではない。原敬《はらたかし》という平民宰相といわれた人の物語を読んでもらいたい。

彼は、日本が中国に「対華二十一箇条」の要求を第1次大戦中にぶつけて、世界の中で孤立していったときに、「アメリカとの関係だけは壊しちゃいけない」と主張しました。しかし結局、彼の叫びも当時の流れの中にかき消されるんですが、そういった長い歴史。

あの人達もまず相手の国を知っていれば、あそこまではいかなかった、と私はいつもそう思います。

## アメリカの次は中国を

アメリカの次は、中国を見てきてほしい。13億人の人たちがいる。これは日本にとってアメリカという特殊な関係の国を除けば、最も大切な隣国ですね。この国とどうやって仲良くしていくのか。

両国は大変に難しい時代をこれから過ごしていかなければいけないと思う。13億の人たちを1つの国に結びつけていくためには、もはや共産主義というイデオロギーは人々の心をとらえません。中国の指導部は新しいイデオロギー、つまりナショナリズム、民族主義というものを強く打ち出していく。

しかし中国でナショナリズムというときは、それは自動的に「抗日」、日本に抵抗した、その歴史を思い出させます。我々は日本を跳ね返したじゃないかといって、どうしても反日的な色彩になっていくんですね。

## 日本はきちっと謝るべきだった

私は、何年かたって、戦争の記憶がない人たちがあの国の中心になったら、日中関係はよくなるのかと思っていました。しかし、残念ながらそうではない。むしろ逆になっている。

１９７１年に日中国交回復したときに、私の記憶では、中国は「日本軍は中国で８００万の人を殺傷した」と言っていました。８００万というのが史実かどうか知りませんが、私はあのときに日本がきちっと謝るべきだったと思う。それをしないものだから、中国との歴史の総括というのをやらずに70年以上来てしまった。

その結果、いま中国は、日本人が中国で３５００万人の中国人民を殺傷したと言っている。どんどんエスカレートしている。

日本と中国の間で、本当は共通の歴史認識を持つべきなのですが、これだけの認識の差がついてしまったときに、どうやっていくのか。深刻な問題だと思います。

だからといって、もちろんあの国と喧嘩をしていていいわけではない。中国のあの反日教育が続く限りは、いまから何十年間は、日本と中国の間に真の友情は生まれないのではないか、という悲観論すら出てきます。

皆さんの努力で、それを短縮してくれることができれば、日本にとってこんなにいいことはない。国と国とはまだ難しいかもしれない。しかし人間と人間のレベルで、コミュニティとコミュニティのレベルで、積み上げていくこと。これは、私は可能だと思います。

中国への協力というのは、国民の間の協力、その関係にかけていくしかないのです。

## ボランティアへの関心が低い日本

アメリカや中国や世界中を見て、私が皆さんにお願いしたいことは、「是非ともボランティア活動に参加してみて」ということなんです。

この間、ある新聞の調査が発表されていましたが、私は大変がっかりしました。ボランティア活動に参加している若者の数は、世界の主要国の中で、日本が一番少なかったんです。

〈注：平成30年度 内閣府世論調査「我が国と諸外国の若者の意識に関する調査」によると、日本、韓国、アメリカ、イギリス、フランス、ドイツ、スウェーデン7ヵ国の比較〈13～29歳の男女〉でみると、「ボランティア活動に対する興味が『ある』」と答えた割合は、アメリカ〈65・4％〉が最も高く、次いでイギリス〈52・7％〉、韓国〈52・6％〉、フランス〈51・7％〉、ドイツ〈49・6％〉、スウェーデン〈45・8％〉、日本〈33・3％〉となっている）

皆さんがいろいろなものを見れば、人間の感性で、どうしてもこの人たちを助けなければいけないと感じるはずです。自分よりも立場が恵まれてない人、困っている人に対する同情の念というのは、人間活動の基本だと思うんです。

ある著名な学者の方と席が同じになり、そういうことを言ったら、その方からえらく怒られました。「思い上がるな」と。

それはそれで分かりますが、ただ明らかに気の毒な立場にいる人たちを見て、心を全然揺り動かされないとしたら、私はやはり人間失格だと思うんです。

私は中国へ行った時に、日本からの多くのボランティアや専門家に会いました。

武漢では農水省の技師さんが、揚子江《ようすこう》の洪水の原因は、両岸に保水力、つまり水を保っている土壌がないことだ、だから木を植えなければいけないと、植林計画を進めていました。「そうすれば、将来、揚子江は洪水を起こさなくなるんだ」と家族も連れてきていて、そして7人ぐらいの日本の若者たちも一緒に、一生懸命支援していました。

北京へ行ったら、日本人のあるお医者さんに会いました。この人は、中国からポリオ、小児麻痺《まひ》を絶滅させるために、中国中にワクチンを配る運動を行っていました。私は本当に誇らしい気持ちになるとともに、あの我々が行った過去のゆえに、これから何十年もの間、まだ日中関係に悩み続けなきゃいけないということに、また考え込みました。

## 1人の人間が世の中を動かす時代

NPO――ノン・プロフィット・オーガナイゼーション、非営利団体、政府機関ではない民間の自発的な機関のことですね。日本にも多くの非営利団体があります。是非そういう活動にも参加してもらいたいと思います。

私は以前に、ジョディ・ウィリアムズさんという人と日本を一緒に旅しました。この人は対人地雷を禁止するために、NPO運動を起こして、1997年にノーベル平和賞をもらいました。

対人地雷というのは、非常に残酷な武器です。人間を殺してしまうよりも、足とか手だけを吹き飛ばすことを目的につくられた地雷で、私も見たことがありますが、最中を2つ合わせたぐらいの大きさで、プラスチックで出来ているから軽い。だから、雨が降るとみんな流れ出ていろんなところへ行ってしまう。市民がそれに触れて、足や手を飛ばされ続けているという大変に悲惨なものです。

これを禁止しようと活動を始めたジョディさんでしたが、当初、各国の政府は見向きもしませんでした。

その後、ジョディ・ウィリアムズさんは世界中に説いて回りました。しかし、アメリカも、残念ながら日本政府も、冷淡でした。カナダ政府だけが「やろう」と言ってくれた。

「カナダ1ヵ国だけであっても、自分たちはこの運動をバックアップして、対人地雷を禁止する方向にもっていく」と活動を続けられ、それから世界の政府が参加する運動になっていきました。その後、各国が批准《ひじゅん》して国際条約として発効しました。

1人の人間の情熱が世の中を動かす、こういう時代になってきています。

# I・大変動する世界

## 急膨張する世界

まず冒頭で、世界に何が起きているかを、皆さんの頭の中に、バックグラウンドとしておいていただきたいと思います。

私は国際情勢を何十年となく見てきましたが、今ほど悲観的に見ている時はありません。

まず、今さらのように驚くほどの人口増加です。

地球上に10億人が住むようになったのは1804年です。西暦1年の前を4000年と考えると、人口が10億人になるまでに6000年近くかかったわけです。

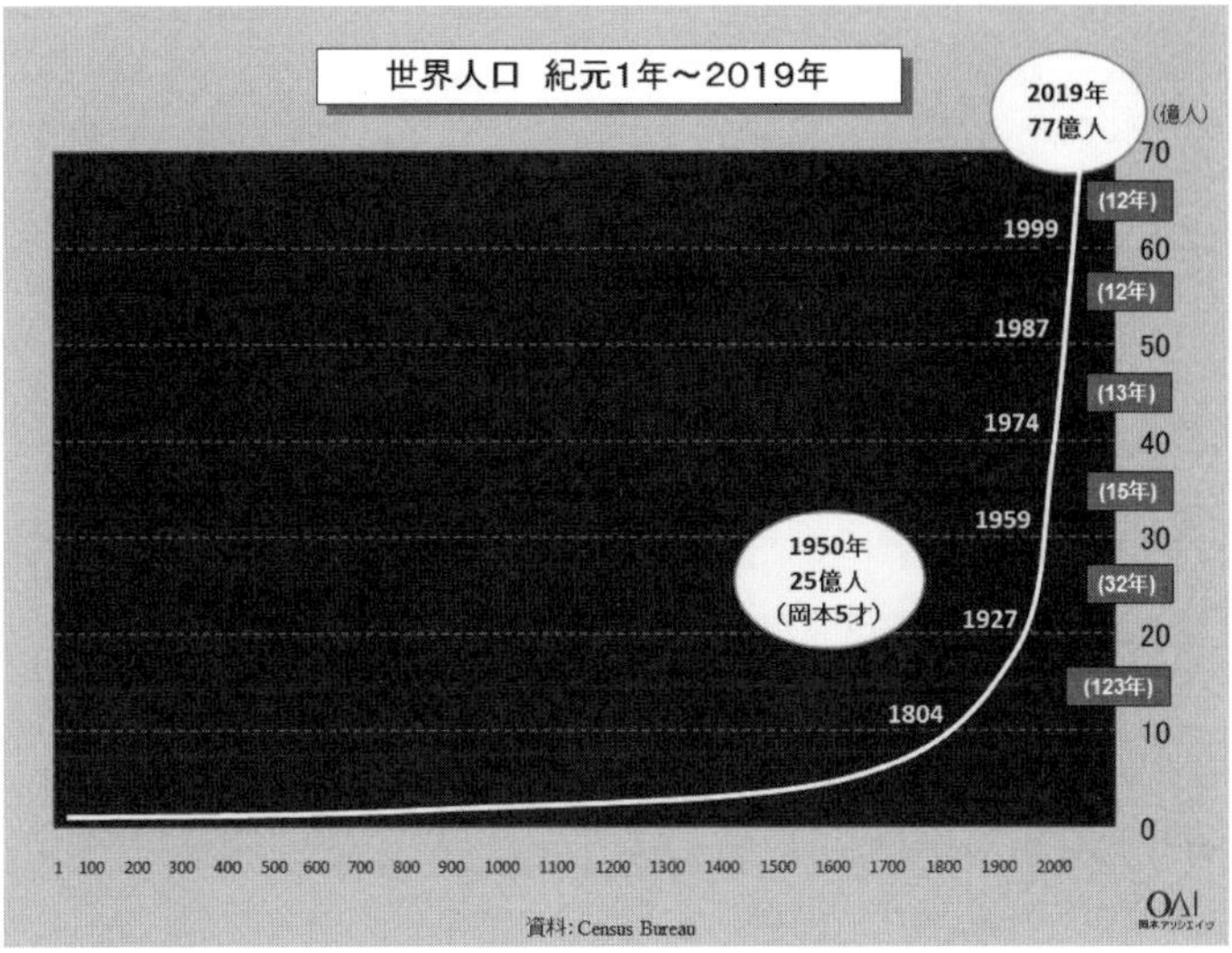


【Ｉ - Ｉ】紀元後 2000 年の地球の人口増加グラフ

その後は、約１２０年後に20億人、その約30年後に30億人、以降は15年後、13年後、12年後に10億人ずつ増えてきています。これは幾何級数的といったくらいのものではありません。L字を左右逆さにしたようなものすごい勢いで伸びています（図Ｉ-Ｉ）。

１９５０年、私が５歳の時、世界人口は25億人でした。今は77億人。この私の短い一生の間に、地球上の人口がなんと３倍以上になっているのです。

まもなく１００億人を突破しようとしています。どうやって資源や食料を確保していくのか非常に心配な思いがします。

物理のブラウン運動の法則のように、一定の空間に分子が閉じ込められれば、熱や圧力が加わることで、分子の活動がものすごく活発になる。それがいま世の中に出てきていると思います。

## 経済を引っ張る「人口の力」

私たちの住んでいる市場経済を考えてみます。私は1972年にOECD（経済協力開発機構）代表部にいました。その頃のOECD加盟国は23ヵ国。

冷戦終了は1989年、ソ連邦崩壊は1991年。その頃のOECD加盟国は24ヵ国、12億人が市場経済のもとにいました。そのほかの国は、南北問題という言葉があったように、富める北が貧しい南に施《ほどこ》し物をあげるという形の世界が、他に広がっていました。

それが、冷戦が終わると、旧東欧諸国、旧ソ連邦、ベトナムが市場経済に入り、インドが、マンモハン・シン大蔵大臣の時に、実質的な社会主義経済から自由経済に転換したこともあり、そこでまた市場経済の人口が増えました。

中国も鄧小平《とうしょうへい》が1992年、南巡講話で社会主義市場経済を打ち出しましたし、こういった国が一斉に市場経済の仲間入りをしてきて、市場経済の人口が43億人になりました。

世界全体の人口が増えているうえに、我々の直接のコンペティター（競争相手）になるような市場経済の規模が、どんと3倍に膨《ふく》らんだ。それらの人口が都市へ都市へと集中しているわけですから、急膨張する世界というのはすさまじいものがあります。

これまで、人口増加は貧困や疾病など負の側面として捉えられてきました。しかし、今は人口が多いことは国力も強いと理解されるようになっています。

学生の頃、経済学では、経済の潜在成長力は、人口の伸びと生産性の伸びを足し合わせたものと習いました。そのうちの生産性の伸びは世界で平常化してきています。そうなると、何が経済を引っ張るかというと「人口の力」です。その人口が、これだけとてつもない勢いで伸びているのです。

国連の予測では、２０５０年には、いくつかの人口大国が生まれることになります。インドは、今の人口13・８億人が16・４億人になる予測です。それでもインドは格差の問題を抱えています。中国は14億人強と、現在から人口の伸びはありません。

驚きなのはアメリカです。あれだけの経済大国が約４億人の人口を抱えることになる。この間まで、日本が１億３０００万人でアメリカが２億６０００万人と１対２の比率でしたが、これが２０５０年には、日本が約１億人でアメリカが約４億人と、その比率は１対４に開くことになります。

ほかの国ならともかく、アメリカのような強力な国でそれだけ人口が増えていくと、これからそういう国々にさらに大きな市場ができていきます。我々は常に人口増大を見ておかなければいけないでしょう。

世界経済が低迷する中、ひとり元気なのがアメリカ。人口もアメリカを支えている１つの要因です。

そのほかにもナイジェリアやインドネシア、パキスタン、フィリピンといった国々が続きます。フィリピンは、この間まで４６００万人と記憶していましたが、今は１億１０００万人を有し、２０５０年には１億４０００万人強に増える予測です。ついこの間まで日本の３分の１だったのが、２０５０年には日本の１・５倍近くになるのです。

我々はこの人口の比率にディスアドバンテージをもっています。これをどうやって克服していくか。それには一人一人の優秀さを磨《みが》くより他はありません。そして、もちろん女性をもっと積極的に登用し、活用していかなくてはいけないと思います。

これは私の持論ですが、少々混乱があったとしても、他の国と同じように日本も移

| | | | |
|---|---|---|---|
| 31 | 1914 ~ 1945 | **世界戦争** | 第一次大戦開始 − 第二次大戦終了 |
| 29 | 1962 ~ 1991 | **冷戦** | キューバ危機 − ソ連崩壊 |
| 29 | 1950 ~ 1979 | **アジアでの戦争** | 朝鮮戦争開始 − 中越戦争終了 |
| 29 | 1981 ~ 2010 | **中東の圧政** | エジプト・サダト暗殺 − アラブの春開始 |
| 31 | 1988 ~ 2019 | **核軍縮** | INF条約発効 − 失効 |
| 30 | 1989 ~ 2019 | **日本の後退** | 平成30年間 |
| 23 | 1991 ~ 2014 | **ロシアの分裂から再拡張** | ソ連崩壊 − クリミア併合 |
| 28 | 1992 ~ 2020 | **中国経済の大成長** | 鄧小平・南巡講話 − 実質GDP 5%台突入 |
| 35 | 1958 ~ 1993 | **欧州統合** | EEC − 1967年 EC（ブリュッセル条約）− EU（マーストリヒト条約） |
| 28 | 1989 ~ 2017 | **グローバリゼーション / マルチラテラリズム / 民主主義の時代** | ベルリンの壁崩壊 − 2016年 Brexit、トランプ選出 − 2017年 習近平2期目 − 2018年 プーチン4期目 |

（すでに起こっている次の30年サイクル）

**独裁 / ユニラテラリズム / ポピュリズムの時代**

中国帝国の強大化

【Ⅰ - Ⅱ】第1次大戦後の国際情勢30年サイクル

民を受け入れるべきだと思います。移民をずっと排除し続ける限り、日本の将来の展望というのはあまり明るいものでなくなると思います。

## 国際情勢は30年サイクル

国際情勢は、偶然かもしれませんが、だいたい30年サイクルくらいでいろんなことが起こっているという気がします（図Ⅰ - Ⅱ）。

今までのトレンドを見ていると、今は既に新しい30年に入っていて、残念なことに、それは決して明るい未来ではないかもしれないと感じています。

戦争の時代、第1次大戦開戦から

第2次大戦が終わるまで約30年。冷戦も、緊張が最も高まった1962年のキューバ危機から、91年のソ連邦の崩壊まで、30年くらい続きました。

アジアでの戦争も1950年の朝鮮戦争から始まり、中越戦争、間にベトナム戦争が終り、79年にアジアから戦争がなくなりました。それも約30年なんです。

中東でアンワル・サダトがハリド・イスランブリ（ジハード団に所属する中尉）に暗殺され（1981年）、一斉に中東諸国が原理主義者たちを抑え込みましたが、30年後に「アラブの春」という形で爆発しました。

核軍縮もそうです。歴史的なINF（中距離核戦力）全廃条約の締結から、トランプのアメリカが「しばられない、破棄する」として、期間が終了したのも30年くらいです。

平成30年間の日本の後退もあります。

ロシアは1991年にソ連邦が解体され、その後、西側に押し込まれていきましたが、クリミアを占領し統合した再拡張が2014年。分裂から約30年です。

中国の経済の大成長は、91年、92年両年に市場主義経済が大変な勢いで伸び始め、奇跡の大発展が30年。92年1月~2月、鄧小平が南巡講話で華南地方を回って、「黒い猫でも白い猫でもネズミを捕るのはいい猫だ。みな経済成長をやれ」と大号令をかけて社会主義市場経済が始まってから、2019年のIMF（国際通貨基金）予測によると、経済成長率がいよいよ5％台に落ち込んでいくサチュレーション（飽和）に至ったとされています。それが30年のサイクルです。

欧州統合の歴史を考えても、EEC（欧州経済共同体）設立からEU（欧州連合）ができるまで35年間かかっています。

## 独裁、ユニラテラリズム、ポピュリズムの時代

30年くらいのスパンで見ていくと、いま特に怖いと思うことは、独裁／ユニラテラリズム（単独行動主義）／ポピュリズムの時代へ変わりつつあるということです。すでに起こっていることなので、いつから始まったかは、なかなか言いにくいことですが、習近平《しゅうきんぺい》が国家主席に就任した2013年くらいから変わってきたでしょうか。

習近平主席は、一番最初に何をやったか。

チベットの子供たちがダライ・ラマを知っているという理由だけで、その両親が連行されるということが頻繁《ひんぱん》に行われました。非常に陰惨な統治の方法をもって強権主義で政権を発足させてきました。

そしてトランプに代表されるユニラテラリズム。

この時代が30年続いていってもおかしくないと思います。今までの事象を法則化することはできませんが、「30年サイクル」が続いたという予測が正しいとしたら、もう既に入っていますが、少なくともあと20年以上はこういう時代が続くこととなるでしょう。

## 中国の「今まで以上の成長」

中国の成長は、ここでワンサイクル完結したと思っていますが、今まではアナログ的な成長だったと思います。製造業とインフラ投資を中核とする発展でした。

中国は社会主義市場経済を打ち出してから30年経って、経済成長が終るのではなく、30年サイクルはいわば、新しいインフレクションポイント（変曲点）で、これからは今まで以上の成長をしていくのではないかと考えます。「今まで以上の成長」というのは、強権的、地政学的な強権力をふるうことも含めてです。むしろそちらの方が大きいかもしれません。我々にとってみれば、これが一番影響があるでしょう。

2012年は習近平が国家主席に選出される前年であり、ウラジーミル・プーチンが3度目の大統領に選出された年でもあります。プーチン大統領が最初に大統領に選出されたのは2000年でしたが、2期連続したあと、間にドミートリー・メドヴェージェフ大統領を挟むという姑息な手段をとり、3期目の大統領に就任したのが2012年です。現在4期目の彼の任期は2024年までとなっています。

改めて見ると、世界の指導者たちは、ずい分と変わってきたものだと思います。

前の30年間の世界の指導者たちを考えてください。ロナルド・レーガン大統領、ジョージ・ブッシュ大統領（父）、ミハイル・ゴルバチョフ書記長（のち大統領）、周恩来首相は80年代までのリーダーたち。みんな国際協調が大事だとわかっていました。

それがドナルド・トランプに代わり、プーチンに代わり、習近平に代わり、彼らはみんな権威主義的、拡張主義的な人たちです。

## 急増する独裁者

これからの30年はどうでしょうか。

プーチンは2024年に任期満了が来ますが、そのときはまだ71歳。憲法を変えるか、以前のように誰かを間に挟むなどして憲法の禁止規定をかいくぐり、実質的な5選を狙うでしょう。（注：2020年7月1日の国民投票で憲法を改正し、プーチンは2024年以降も大統領に就任できることになった）。2020年代は彼が君臨することになるはずです。

習近平は2018年に憲法を改正し、国家主席制の任期を撤廃、長期に国家主席の席に留まることを可能にしました。金正恩《キムジョンウン》は、20年でも30年でも指導者で居続けるでしょう。

問題は彼ら以外にも、世界中で独裁者が急に増えてきていることです。トランプ大統領は独裁者とまではいえませんが、少なくとも独裁的な手法をとる人です。サウジアラビアのムハンマド・ビン・サルマン皇太子（通称MbS）、トルコのレジェップ・タイップ・エルドアン大統領、エジプトのアブドゥルファッターハ・エルシーシ大統領などもそうです。他に、ブラジルのジャイル・メシアス・ボルソナーロ大統領、メキシコのアンドレス・マヌエル・ロペス・オブラドール大統領などがいます。

こういう指導者たちはポピュリズムの潮流にのって出現しているところもありますが、たまたまグローバリズムと関係ないところで出てきた例もあります。

たとえば、ハンガリーのオルバーン・ヴィクトル首相は、1989年の冷戦終了の時は民主主義の旗手、担《にな》い手でした。ハンガリーをいっきょに民主化の方向へもっていき、非常に大きな功績があった人でした。しかし権力の美酒に酔いしれて、絶対にそれを手離さない、となりました。

自由と民主主義のヒーローが、グローバリゼーションとは関係なく、いつの間にか権力を集中させて、システムを変えて、独裁者としてこれからさらに10年くらいやる意欲を隠そうともしない。彼はいま世界でも最悪の独裁者のひとりになりつつあります。

必ずしも地政学上の大きな動きが独裁者を輩出させているのではなく、個人個人の要素もあるでしょう。ただ、偶然かもしれませんが、30年のサイクルで国際情勢は続いているのです。

## 反グローバリゼーション

グローバリゼーションにより世界は格差が拡大しました。移民、難民が入ってきて、欧州では住民との衝突となり、ポピュリズムが出てきました。

移民、難民の増加とポピュリズムは比例しています。グローバリゼーション自体が持っている運動法則が、グローバリゼーションのバックラッシュ（揺り戻し）を招いているところへ、いまのような強権の指導者に代わってきている。いくつかの事象が同時に起こってきていると言えるでしょう。

われわれの直近の問題は、グローバリゼーションが終わりつつあるということです。89年にベルリンの壁が崩壊、そして91年にソ連邦が崩壊。一挙に国境の壁が低くなり、人、モノ、カネ、技術、情報が自由に動き始め、グローバリゼーションが爆発的に進行したわけです。冷戦後、普遍的な価値に向かって世界が収斂していくと、我々はみな思いました。

しかし、自由、民主主義、人権の重視、貧しいものへの経済支援。そういう時代がもうすでに終わりつつあるのです。グローバリゼーションの終わりを２０１７年としているのは、トランプ政権発足の年だからです。トランプ大統領は「みんな自分のことだけを考えろ。ほかの国はどうでもいいじゃないか」というのが就任演説でした。衝撃的な就任演説だったと私は思います。

グローバリゼーションが世界にいい影響をもたらしたのは当然です。ＧＤＰ（国内総生産）は3倍、貿易額は4倍になりました。絶対貧困者、１日１・25ドル以下（世界銀行による当時の定義）で生活しなければいけない人々の数が、90年には世界の人口に対して36％いましたが、２０１５年には10％にまで減ってきています。底上げも一緒にはかられました。

こうしたグローバリゼーションがもたらした恩恵は全く否定できないわけです。

## トップの1割が世界の富の8割以上を握る

ところが貧富の差も広がりました。人口の約6割が都市に集中しています。これに伴う大きな摩擦もいろいろ出てきています。

富める者はますます富み、貧しいものはそのままの状態に取り残された結果、スイスの金融大手クレディ・スイスのレポートによると、世界の最上位の収入の約1％の人が世界の富の半分近くを握り、上位約10％の人が世界の富の82・8％を握っている。世界の人口の半数以上は世界の総資産のわずか1・8％しかもっていないという、極端なまでの格差が現れてきています。

これだけの富の格差は異常な状態にあると言えるでしょう。極端な貧富の差の拡大によって社会が世界中で不安定化してきています。

基本的には、下位50％の持たざる人たちが革命を起こしています。アラブの春もそうです。マスコミはアラブの春をもてはやしていましたが、当時から、これは大丈夫だろうかという意識がいつも私にはありました。

予想どおり、これは見事に失敗して、アラブの春が始まって以降、世界中で混乱がどんどん増え、アラブの春が「アラブの冬」になってしまっています。

エジプトでは、ホスニ・ムバラクによる30年に及ぶ治世に終止符が打たれ、選挙によりムハンマド・モルシが新大統領に選出されました。しかし、その後も国内の対立が続き、クーデターにより軍人のエルシーシが登場。独裁体制に逆戻りしてしまいました。

シリアでは、独裁者のバッシャール・アル・アサド大統領が権力の座にしがみつき、政権側と反政府側の衝突が続き、混乱は収まりそうにありません。

唯一成功したのがチュニジア。2015年のノーベル平和賞は、チュニジアの団体が受賞しました。そのチュニジアの中にも大きな問題が起こっています。IS（イスラム国）の出身国を見ると、チュニジアが突出して多く、2015年には6000名ほどの若者が参加していました。模範生であるチュニジアでさえ、グローバリゼーションから落ちこぼれた若者を多く抱えているということです。

就業の機会もなく、何も持っていない。彼らにしてみれば失うものは何もない。既存の秩序を破壊するのが爽快なのでしょう。

## 移民・難民の波

もうひとつグローバリゼーションの負の影響は、移民・難民の波が起こっていることです。主として欧州で非常に大きな反発をよんでいます。

イギリスではブレグジット（EU離脱）が起こりました。EUからの離脱反対の地域は金融やソフトセンターなど新しい産業のところで、離脱賛成の地域は旧来の重厚長大の産業のところでした。移民に自分たちの職を奪われるという世論が大きかったのです。

そしてポピュリスト政党が各国で台頭してきました。

トランプが言っている「労働者はグローバリゼーションのために失業した」というのは間違いです。製造業の雇用者数を見てみます（図I-Ⅲ）。

１９９０年にアメリカの製造業は１７４０万人の雇用がありました。グローバリゼーションはその後10年で進化したわけですが、２０００年でも雇用者は１７１８万人いました。この10年間で雇用は22万人しか減っていない。減り始めたのはこれ以降です。

１７１８万人の労働者たちは、17年には５００万人減り１２５４万人になっている。これは何か。

すべてテクノロジーがなせる業です。工場のオートメーション化、AI化、IoT（モノのインターネット）、センサー技術の発展、ロボットの多用などで雇用が減って

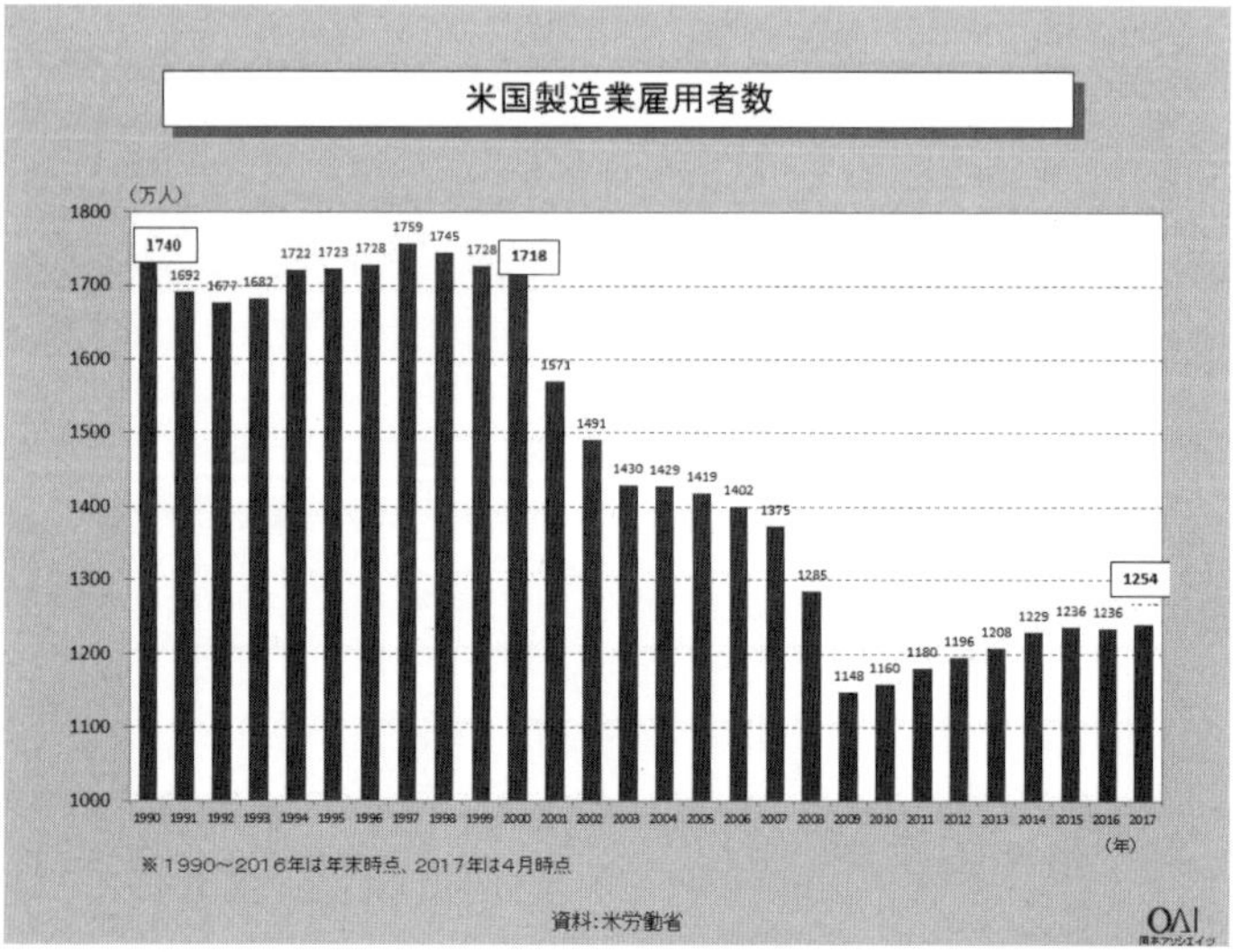


【Ⅰ - Ⅲ】1990年～2017年のアメリカ製造業雇用者数グラフ

きているわけです。

これにより工場の近代化が一層進むと、トランプの支持者である白人ブルーカラーの数が、もっと減っていくわけです。

実際、２０００年以降、職が減った人々の内訳は、低学歴の人たちが多くなっています。高学歴の人たちは逆に職が増えています。

産業構造が高度化するにつれ、トランプの支持基盤が弱まってくるという、皮肉なこともあるわけです。

## 近づく大国同士の戦争

世の中は大変にグルーミー（陰鬱）な時代を迎えていると思います。

２０１８年１月末の英国「エコノミスト」誌の巻頭論文「ザ・ネクスト・ワー」（次の戦争、図Ⅰ‐Ⅳ）は、いままでにないくらい厳しい世界情勢の見通しを示したもので、私はショックを受けました。

第２次大戦以降、我々は小国同士が戦争するのは見てきたし、内戦ももちろん見てきました。しかし、大国同士の戦争は、核抑止体制が効いているから、「これは起こらない」と我々は当然思ってきました。

【Ⅰ‐Ⅳ】英国「エコノミスト」（2018年1月刊）の表紙

ところが、いまやそうではなくなってきており、大国同士の戦争に、我々はこれほど近づいたことはない、という結論なんです。

ＮＰＲ（Nuclear Posture Review、核体制の見直し）、アメリカの核戦略の見直しで、アメリカが小型核の増産を始めるということも、英国「エコノミスト」誌論文の危機意識の下にあるのでしょう。

もっとも小型核について言えば、アメリカのやっていることは、むしろ核体制の穴を埋めるものです。つまり、ロシアだけが小型核を数千発も持っていて、アメリカはわずか200～300発です。しかもそれはフリーフォール型の爆弾ですから、飛行機に積んでロシア領内に深く入っていかなければ、核兵器として使えません。その前に飛行機が撃ち落とされてしまえば意味がないから、アメリカは小型核を持ってないも同然でした。

そうすると、ロシアは、自分たちが小型核を使っても、それに対してアメリカがまさかＩＣＢＭ（大陸間弾道ミサイル）で報復してくることは、そうなったら世界の終わりですから、絶対にやるまいと思っていて、彼らは小型核のところではアメリカに対して圧倒的に優位な状況にあったわけです。

そして、アメリカが、「いや、小型核に対しては、こっちもちゃんと対抗するだけのものを持つんだぞ」となったことによって、核を使用するスレッショルド（threshold、敷居）はかえって高まったと私は考えています。日本の評論家たちは、「これでみんな核兵器をますます使いやすくなった」「戦争に一歩近づいた」と言っていますが、それは違うと思います。

ただ、この「エコノミスト」が「次の戦争」という認識を示さなければならないくらい非常に危険な状況になってきているのは確かでしょう。例えば、ロシアが小型核をどんなところで使うかといえば、バルト海にアメリカが航空母艦を派遣するような時でしょう。普通の爆弾では航空母艦は沈みませんが、小型核を使えば航空母艦は撃沈されてしまうわけです。そういう危機感が、アメリカの今度の核体制の見直し（ＮＰＲ）公表の背景にあるのです。

## 独裁者３人の「復活の夢」

さて、３人の独裁者について話しました。懸念されることは、この人たちの治世が、これからずっと長く続くということです。

プーチンは77％の得票率で２０１８年３月18日、４選されました。彼の任期は２０２４年までですが、任期が終わるときにまだ71歳です。彼がそんなことで引退するわけがない。憲法を改正してでも（２０２０年に改正）、また次の任期、つまり２０３０年まで彼はロシアの皇帝として君臨することになるでしょう。

習近平の場合には、私は早くから、彼は２０２２年の次の党大会で辞めるわけがないと思っていました。彼の後継の世代の芽を摘《つ》んでしまい、それに加えて、憲法を改正して国家主席の任期も外してしまいました。そのため彼も２０３０年代までずっと国家主席に就いているのではないでしょうか。

金正恩に至っては、まだまだ長くいつまでもいるわけです。

そうすると２０２０年からの10年は、この３人の独裁者たちが非常に強い影響を世界に対して及ぼしていく、非常に陰鬱かつオプレッシヴ（oppressive、圧制的）な時代になると思うんです。

我々は残念ながら、それを地政学的な前提と置かざるをえないと思います。

プーチン、習近平、金正恩の３人の独裁者、この人たちはみんな「復活」の夢を持っています。

## ロシア帝国復活の夢

① プーチンにとっての「復活」

３人ともに共通するのは「復活」だと言いました。プーチンにとっての復活は何か。これは明らかです。

図Ｉ－Ｖは１９９１年にソ連が崩壊したときの地図です。西側ＮＡＴＯ（北大西洋条約機構）加盟国とワルシャワ条約機構との間に線が引かれていて、ロシアとの間に緩衝国《かんしょうこく》がずっとありました。プーチンは90年まで、東ドイツのドレスデンにＫＧＢ（ソ

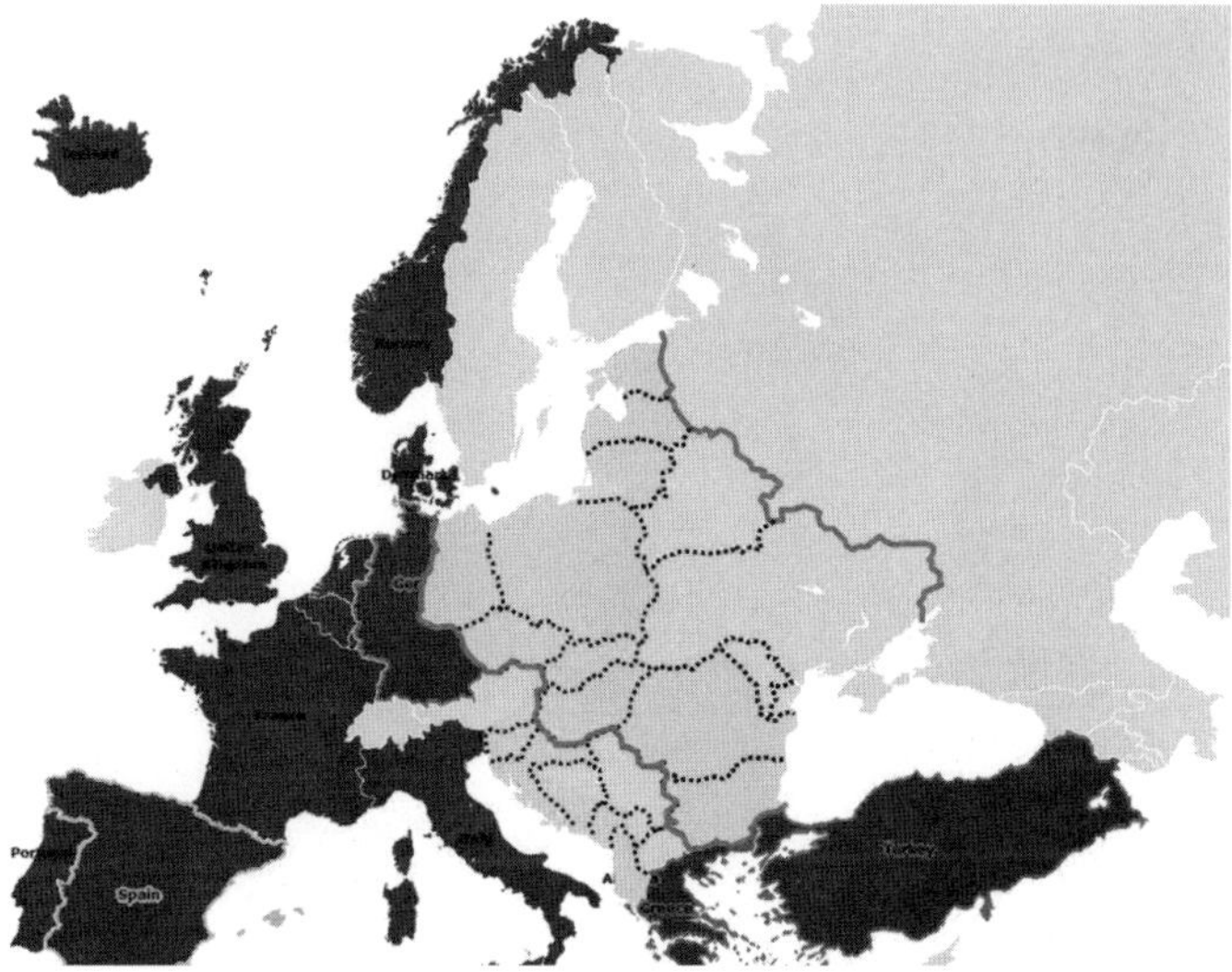


【Ｉ－Ｖ】ソ連崩壊時のＮＡＴＯ加盟国

連国家保安委員会）の職員として居て、東の世界の崩壊を目の当たりにしました。

１９９９年にポーランド、ハンガリー、チェコがＮＡＴＯの加盟国になりました（図Ｉ－Ⅵ）。これはアメリカが性急にやり過ぎたという気もします。アメリカが、当時、東西の戦略的な関係はどのようになるべきか、どういうポジショニングをとるべきかを考えて加盟させたならともかく、純粋に国内の政治事情のせいなのです。

クリントン大統領はポーランド系アメリカ人の票が98年の中間選挙でほしかった。ポーランド系の人は、

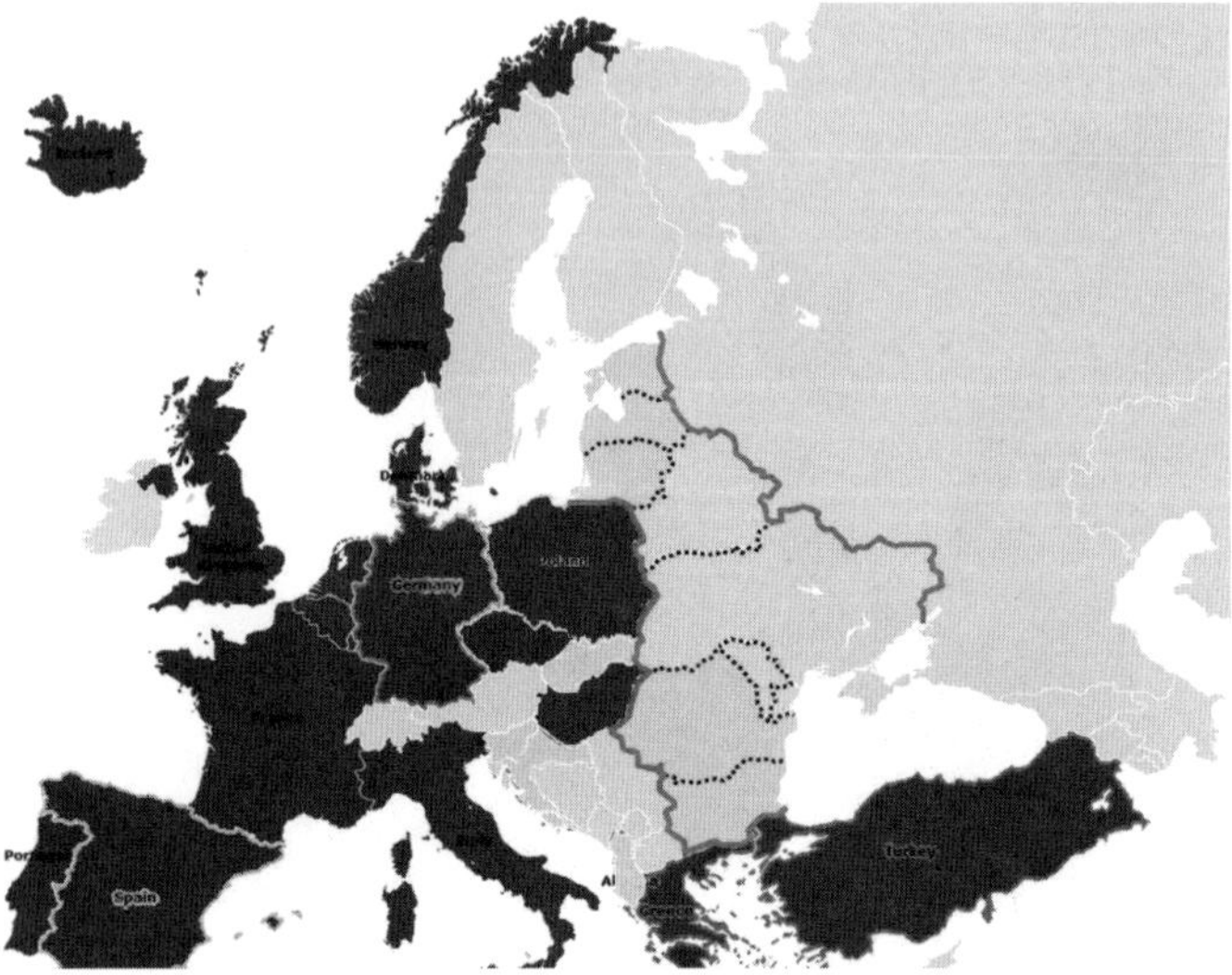

【Ⅰ - Ⅵ】1999 年時のＮＡＴＯ加盟国

祖国がアメリカによって、ＮＡＴＯによって守られることは非常に嬉しいことです。

その翌年２０００年にプーチンが大統領に就任しました。それでも彼はその時にはまだ、アメリカとの間で協調関係を築こうと思っていたと私は思います。現に、プーチンは当時、アメリカのアフガニスタン侵攻に対して、中央アジアの基地の使用を許しました。それから軍事情報もたくさんアメリカに提供しました。

その後、再びアメリカはプーチンの横っ面をはりとばします。今度は、ブッシュ大統領（息子）が２００４年にバルト３国（エストニア、ラト

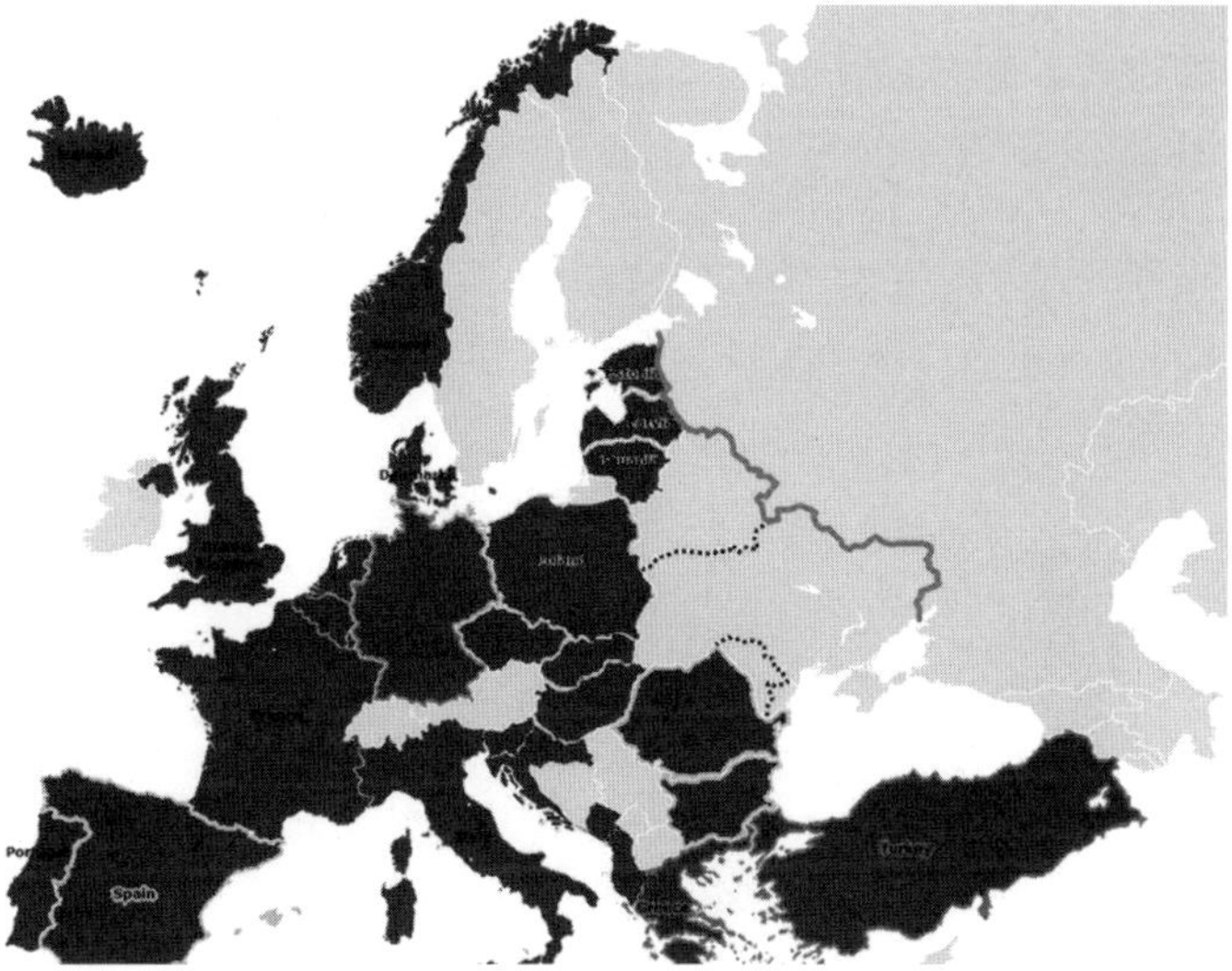


【Ⅰ - Ⅶ】2004年以降のNATO加盟国の変化

ビア、リトアニア）、そしてルーマニア、ブルガリアなどもNATOに加えたのです（図Ⅰ - Ⅶ）。それにより、ロシアはNATO諸国のエストニア、ラトビアと国境を接するまでになってしまいました。プーチンはその時、煮え湯を飲まされた思いがしたに違いない。

私はアメリカのこのやり方はいささか強引だったと思っています。だいたい東と西がどういう形で対峙《たいじ》するのが一番戦略的に西側にとっていいのか、ということからこの新しいNATOフロントを東側へ進めることを決めたのならまだしも、そうではありませんでした。

アメリカの国内政治上の要請で決めたわけです。ポーランド系、ハンガリー系、チェコ系のアメリカ人の票が中間選挙で、大統領選挙でほしいから、その人たちに対する人気取り政策として、クリントンとブッシュがNATOの東方拡大を進めたのです。

そういうところは、アメリカは近視眼的だったと思います。このうちのいくつかをNATOに入れなくとも、EUに入れておけばよかったのではないかと思います。

今、ロシアにとってみれば、大変な危機感があるわけです。ロシアは、バルト3国のエストニアとラトビアと国境を接することになってしまい、緩衝国はモルドバとベラルーシとウクライナしかなくなっています。これを少しでも西側へ押し戻すことがプーチンの復活の夢、ロシア帝国復活の夢です。

ですから、クリミアは絶対返さないでしょう。ルハンスク、ドネツクの2つのウクライナの州を、あきらめる形跡はありません。

これからエストニアへも、ちょっかいをだすかもしれない。エストニアはもちろんNATOの加盟国なので軍事介入はできないでしょうが、ウクライナで行っているような、中へエージェントを送り込むとか、国内の情勢を不安定化させていくというやり方をとるのでしょう。

プーチンはさらにポーランドに手を伸ばすのではないか、とヨーロッパ諸国の中には心配する国もあります。それからさらに中東への影響力拡大もそうでしょう。

北朝鮮問題においても、ロシアがアメリカの制裁に協力するわけがないと私は思っています。アメリカの言うことを聞いて、金正恩政権をコーナーまで追い詰めて崩壊寸前まで弱体化させると、韓国主導の朝鮮半島統一になるかもしれない、というのがロシアの恐れです。そうなれば、「ロシアの西側（欧州）で1990年代以降に起こったNATO拡大のような事態が、東アジアでも起こるのではないか」とプーチンは恐らく思っているのでしょう。

だからこそ、プーチンは「もうアメリカとは協力しない」ということを、2000年代初めに固く心に誓ったのではないかというのが私の推測です。

## 北方領土交渉に前向きだったプーチン

北方領土交渉にいままで一番柔軟なロシアの指導者は、プーチンでした。彼は歴代のソ連・ロシアの指導者の中で、最も北方領土交渉に対して前向きな人でした。

北方領土交渉には肝《きも》が2つあります。

ひとつは、歯舞《はぼまい》、色丹《しこたん》を56年日ソ共同宣言に基づき、平和条約締結の後に日本に引き渡す。もうひとつは、北方領土交渉の対象は歯舞、色丹だけではなくて国後《くなしり》、択捉《えとろふ》も含めた4島であること。

この2つの原則を同時に認めたロシアの指導者は、今まで誰もいませんでした。2001年、森喜朗《もりよしろう》首相との会談の際、イルクーツクでプーチンが初めてこれを認めました。

その後、プーチンは、「アメリカとの関係で西側を信用しない。ロシアの国益は、アメリカと協調してプラスサムの中にあるのではなく、アメリカとのゼロサムの対決の中でアメリカを押し込み、失ったものを取り返すことにある」と思ったに違いありません。

同時に、彼は北方領土交渉の窓を閉じました。それは日本が4島一括に固執《こしつ》したため、「日本がそこまで言うなら譲歩するつもりはない」と決めたのでしょう。

ただ、2012年には、「勝者も敗者もいない交渉をこれから始めよう。号令をかけようじゃないか」と記者懇談で発言しました。プーチンが2000年にアメリカとの協力姿勢を取っていた時と合致します。また、2018年にも突如、平和条約締結を求めてくる場面がありましたが、その後の経緯を見れば、いずれも本気だったかどうか疑問が残ります。

おそらく、今後10年くらい交渉の窓は開かないと思います。国民に期待感を与えて、「経済行動が領土交渉にいい影響を与えるんだ」と言ったところで、日本国民に失望が広がるのではないかと懸念しています。

欧州ではポピュリスト政党がどんどん勢いを増しています。基本的には反グローバリゼーションに対する民衆の波。ロシアもサイバー戦争を最大限に駆使し、偽情報を流し、不安定化を図っています。

フランスの国民戦線（現・国民連合）、イタリアの五つ星運動も反EUのポピュリズム政党。彼らの躍進は、ロシアにとっては欧州の分裂に資することなので、それを歓迎して助長しているのが、今の姿だと思います。

欧州全体を不安定化させることがロシアの国益にかなうとそう思っているのかもしれません。

そして、再び中東にも勢力を扶植《ふしょく》してきています。シリア、リビア、イエメン、イランをロシアが狙っていく。これがプーチンにとっての復活なのでしょう。

## 「中華民族の偉大な復活の夢」

② 習近平にとっての「復活」

習近平にとっての復活とは何でしょうか。彼は２０１２年の第18回党大会で党の総書記に選出されました。その後、国家主席就任して最初の演説で、「中華民族の偉大な復興の夢」というフレーズを９回使っていました。そして、２０１７年の第19回党大会を迎えました。

２０１２年から5年後、中国は押しも押されもせぬ大国になりました。中国経済はいまや、ＧＤＰ世界第2位。軍事力もあれだけ大きなものを持ち、宇宙開発も優れた技術力を擁する。もう「復興」を十分果たしているのではないかと思ったのですが、第19回党大会でも習近平は長い演説を行い、同じように「中華民族の大復興という中国の夢」というフレーズを今度は13回も使いました。

さらに、２０１８年3月11日に憲法改正案が可決され、その憲法の前文に「中華民族大復興の夢」ということまで書き込みました。そうすると、心配になってこざるを得ません。復興の夢とは一体なんだと。

復興というのは、かつて中国が今よりも高みに立っていて、そこへ戻るという意味ですよね。では、どういう高みに至るのか、よく考えてもわかりません。結局、私はこういうことではないかと思っています。

清朝の乾隆帝の時代は、沿海州、樺太がみな清のものでした。習近平はロシアと戦争してそれらを取り戻そうとはもちろん思っているわけではないでしょう。

そうなると、一番のポイントは台湾かと思います。「中華民族の大復興」というときには、その中心的なテーマは台湾の武力解放ではないか、と私は思わざるを得なくなってきています。

## インターナショナル・オーディエンス

先日、ニュージーランドで講演をしました。ニュージーランドは親中的な政策をとっています。そのニュージーランドで、中国の脅威を一生懸命説いてきました。

講演中、最前列で一生懸命メモを取っている中国人がいました。その人は中国大使館の公使で、私の講演が終わるや否や立ち上がって、「あなたの言っていることは全部間違っている。清朝の話などとんでもない、日本の軍国主義時代の野望に比べたら、我々の復活などは本来の中国の姿を取り戻すだけだ」と言って、それから日本批判を延々と続けました。

モデレーターが何度も制止しましたが、それでも止めませんでした。最後には、モデレーターが「Stop. This is an order.」（やめなさい。これは命令です）と言って制止しなければならないくらい、質問者は激しくまくしたてていました。

そして彼は自分の意見を言い終わると、プイっと部屋を出ていこうとしたのです。私は壇上から「ちょっと待ってくれ。私の回答を聞かないのか」と言ったところ、彼は席に戻ってきました。

私は「あなたの言ったことには、1つだけ正しいことがある。それは日本のかつての軍国主義、アジアへの侵略、これは謝っても謝り切れるものではない。日本はひどいことをした。だが、あとは、あなたの言ったことはみな間違いじゃないか」ということを静かに静かに話しました。

自慢話めいてしまいますが、そうして話した後に会場からは割れんばかりの拍手が起きました。その時につくづく思ったのは、日本は未だに国の桎梏《しっこく》として、あの歴史問題を引きずっているということです。そして中国に対して何を言うにしても、まずその前提で、「それは我々が悪かった」と認めれば、観客はこちらの味方になってくれるのです。

これは韓国との関係でも同じですが、韓国・中国をまともに説得しようとしてもなかなかできません。そこにはきちっと対応していくことが重要だということです。オーディエンスは分かってくれます。

その時に中国と韓国に直接言うこと、対話することはもちろん重要ですが、それ以上に大切なのは、周りの国々、まずはインターナショナル・オーディエンスというのか、自分のそういう言い分を説明してわかってくれる国々の人たちを、味方につけていくべきだと私は思うのです。

特にアメリカとヨーロッパ。そこに日本の意見をわかってもらうことによって、彼らを行司役として、どっちの言っていることの方が正しいのか、ということをわかってもらうことが大切です。

## アフリカで圧倒的な中国の存在感

話を戻します。中国はさきほど話したように、かつてユーラシア大陸にも大きな影響力を持っていました。

最近、私はアフリカによく行くのですが、アフリカにおける中国の存在感は圧倒的です。

アフリカで暮らす日本人は約７５００人くらいですが、中国人は１００万人以上います。

中国は猛烈な勢いでアフリカ諸国を援助しています。しかも、非常に目立つ援助のやり方です。昔は、アフリカに行っても「こんにちは」と言われましたが、今はアフリカや中東で私を見かけた人は皆「ニーハオ」と言います。

中国は今、完全にアフリカや周辺地域を自分たちの植民地としつつあります。

中国はカネに物を言わせて、いま一帯一路という構想の下に西側に進出してきています。

例えば、スリランカに大金を貸し付けて、港を建設する。しかし、巨額の貸し付けですから、スリランカ政府は返済できない。返済できないとその港を50～100年の租借《そしゃく》という方法で取り上げてしまう。

「太平洋は分割するのだ」というのは中国人がよくアメリカ人に言うことです。「あなたたちは太平洋の東側を持っていればいいじゃないか、我々は西側を責任もって管理する」と冗談めかして言っているのですが、恐らく、それが中国の本音なのではないでしょうか。

## アメリカは尖閣問題の当事者

【I - Ⅷ】19世紀末、尖閣諸島のカツオ節工場。中央に日の丸（写真提供＝古賀花子さん／朝日新聞社／時事通信フォト）

日本と中国との間では、尖閣《せんかく》諸島の問題があるわけです。私は、アメリカやその他いろいろな国でよく講演をします。そのときに、「尖閣は日本のものだ」と法的なことを言っても聴衆は面倒くさがるので、写真で説明することにしています。

「皆さん見てください。これは1898年くらいの尖閣です（図I - Ⅷ）。日本人が二百数十人住んでいたのですよ。そこからずっと日本人が住み続けてきています。第2次大戦の間、彼らは退避せざるを得なくなったのですが、戦争が終わって戻ろうとしたら、ここは米軍に施設・区域として提供され、射爆撃場になっていたので帰れなくなってしまいました。つまり、19世紀末から間違いなく日本のものだったのですよ」と。

そして続けます。「中国人が最初にここに上陸したのはいつでしょうか。2004年です」

こういう話をして聴衆を日本に同情的にしておいた上で、私はアメリカでは次のような話をしています。これは私の本音でもありますが、尖閣を解決するためには、アメリカを抱き込む以外にしようがないと思っています。

どういうことかというと、アメリカは「尖閣の日本の施政権の存在については認める、だから安保条約第5条を適用するけれども、領有権について、主権については、アメリカは中立的だ」ということを言うわけです。

「今までのどんな世界中の紛争でも、アメリカが主権の問題について立場を明らかにしたことはなく、フォークランド紛争だって、アメリカはイギリスの肩を持たなかった」とよく言いますが、そんなことはありません。北方領土について、アメリカは日本の肩を持ちました。

しかも、この尖閣について非常にユニークなことは、アメリカはこの尖閣の問題の当事者の1人であるということです。

1972年、沖縄が返還されました。その時には沖縄本島はもちろん、尖閣も入っているのです。アメリカがもし、今になって尖閣の領有権について「俺は知らない」と言ったら、これは同じ条項に書いてあることですから、法的には「沖縄本島についてもアメリカは日本の立場を支持しないよ」ということでしょう。それは、沖縄本島が日本の領土であるかどうかに関して、アメリカは中立的だ、と言っていることになります。

中国の反日デモでは、「沖縄を解放しろ、琉球を取り返せ」と言っている人もいます。将来、もちろん仮定の話ですが、中国と日本の間で沖縄本島の領有権の問題が起こったときに、「アメリカさん、あなたたちはそこでも中立的な立場をとるのですか？」と私は聴衆たちに訴えます。即座にみんな、「それはそんなことはない」という顔をして聞いてくれます。

さらに私は、「尖閣というのは1960年安保条約の下で、施設・区域としてアメリカに提供されました。そのときから、皆さんは、なんと394回もここを訓練場として爆撃しているんですよ」と言います。

アメリカの聴衆に、「あなたたちは、どこの国の領土かということも知らずに爆撃して、山の形を変えていたのですか」と問うと、さすがに反論できません。

## アーミテージの信念

私は、アメリカが尖閣の日本の領有権を認めたら、中国は手も足も出なくなると思っています。

リチャード・アーミテージ（注：ジョージ・W・ブッシュ（子）政権の国務副長官）という人を皆さんもよく知っているでしょう。彼とは仲良くしていますが、彼がいつも言うことがあります。

「『アメリカにとって中国は大切であり、これはどの政権に関しても同じだ。だから、アメリカと中国はエンゲージ（関与）しなければならない。そのために政権によっては、アメリカは日本とあまり密接に付き合ってはいけない。なぜなら中国にエンゲージが上手くできなくなるからだ』ということを言う人たちもいるが、それは逆だ」

こう彼は主張するわけです。

「日本とアメリカの間をつなぐものが弱いと、中国は必ずそこにくさびを打ち込んでこようとする。そうすると、中国は真面目にアメリカとテーブルを隔《へだ》てて交渉をしようとしなくなり、まずはこの日米の連携を断ち切ることに、彼らの政治的なアセットを使い始める。だから、アメリカと日本は、鉄壁の関係にしておくのだ。そうすると中国は諦めて、あるいは最初からアメリカと真面目に向き合うようになるだろう」というのがアーミテージの信念です。私もその通りだと思うのです。

## 朝鮮半島の統一

③ 金正恩にとっての「復活」

さあ、金正恩にとっての復活とは何か。これはもう簡単です。金正恩が尊敬してやまない祖父の金日成《キムイルソン》が果たし得なかった「朝鮮半島の統一」でありましょう。考えてみれば、金日成はあと一歩までいったんですね。

1950年6月25日、北朝鮮は突然10万の軍隊で韓国に攻め込み、ソウルを3日間で落としました。それから2ヵ月後には釜山《プサン》まで迫り、釜山陥落寸前、そこでマッカーサーが邪魔をしました。アメリカが国連軍を組織して仁川《インチョン》に上陸したのです。マッカーサー率いる国連軍は北上して、逆に北朝鮮軍を追い詰めて鴨緑江《おうりょくこう》まで押し戻しました。

そこへ中国が26万の大軍を率いて参戦してきました。すると、38度線を超えて北朝鮮軍が再び攻め込んできて、アメリカが解放したソウルをもう一回取り返します。そこで熾烈《しれつ》な戦いが行われて、また国連軍がソウルを取り返しました。

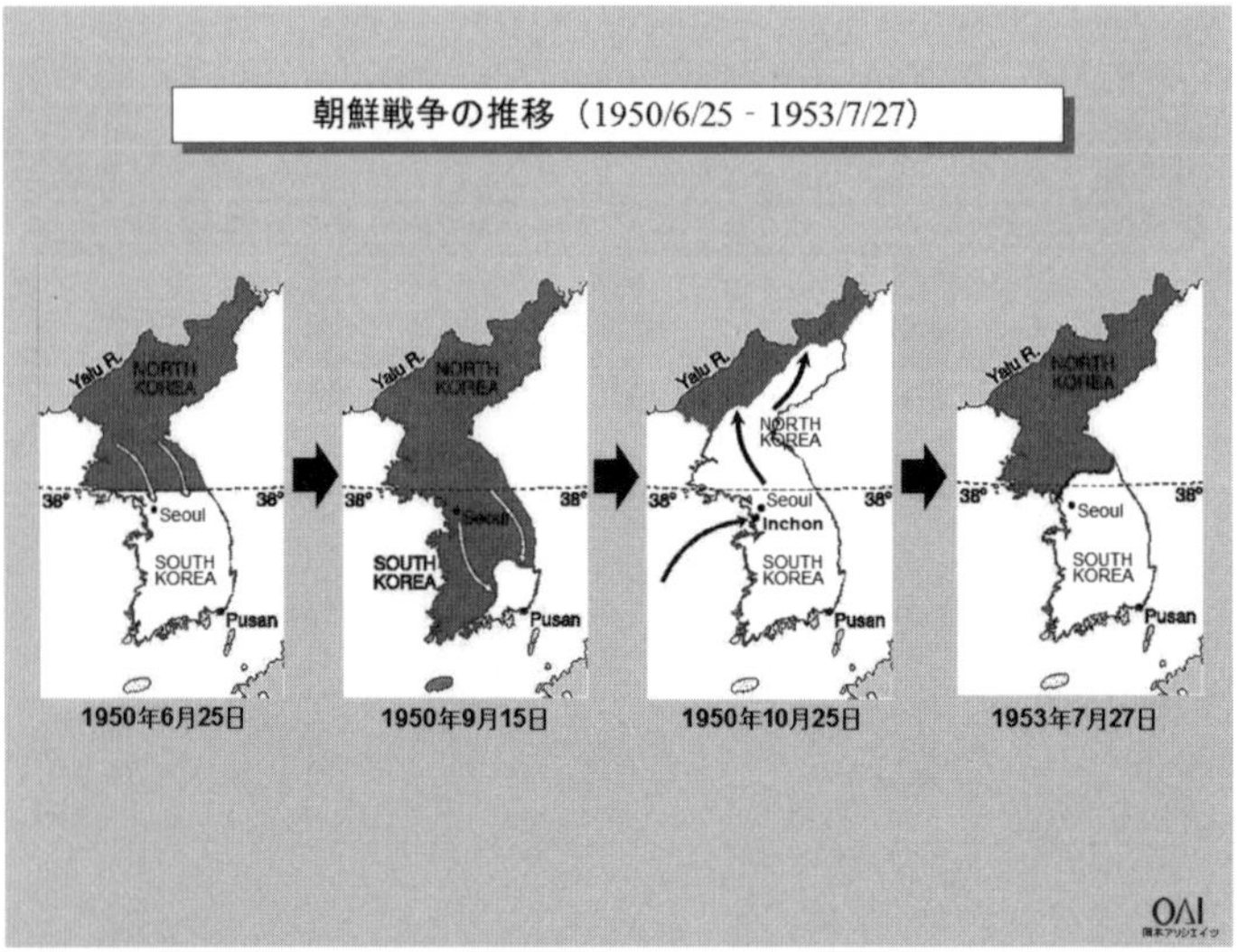


【I - IX】朝鮮戦争時の朝鮮半島の勢力図

これは大変に凄惨な戦争でした。双方合わせて約300万人の死者が出ました。米軍が使った弾薬の量は太平洋戦争のときより多い、と言われています。

そして38度線で休戦します。和平ではなく休戦が一時的に行われ、それが今に至るも続いているという状況です（図I - IX）。

金正恩はこれから30年～40年、独裁者として君臨することになると思いますが、その間に祖父が目指した偉業、見果てぬ夢、つまり北朝鮮主導で南北朝鮮統一を達成するんだと思っていたとしても、まったく不思議はありません。そのために、金正

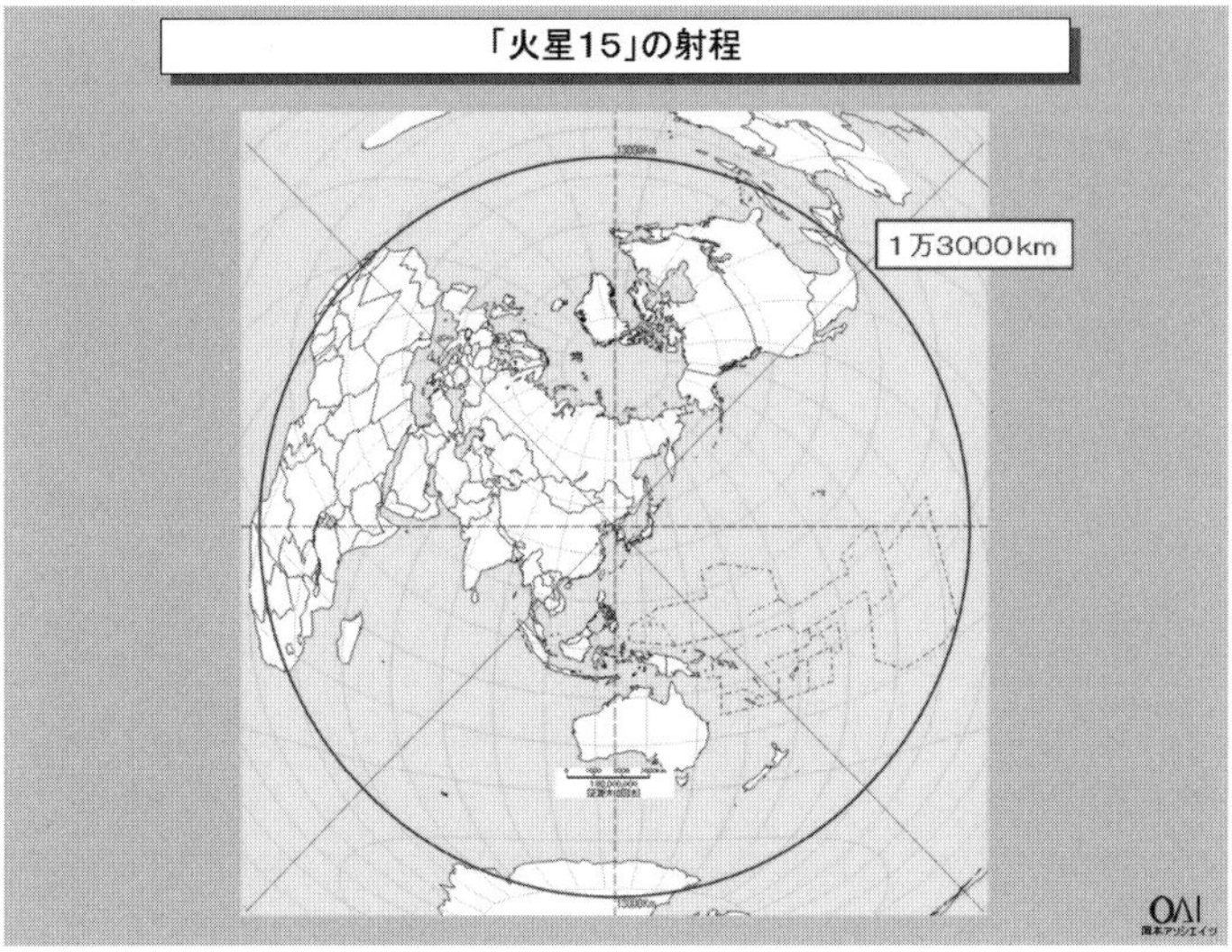


【I - X】北朝鮮の「火星 15」の射程。ワシントンも含まれる

恩はアメリカまで飛ぶＩＣＢＭ（火星15）が必要と考えているのでしょう。

その意味では、ロサンゼルス、サンフランシスコだけでは不十分です。やはり、政治的なシンボルを考えれば、ワシントンＤＣまで届く1万3000キロの射程のある武器が彼らには必要なのです。図Ｉ - Ｘをみるとお分かりのように、「火星15」の射程は、世界中をほぼカバーしています。

とにかく、北朝鮮のミサイルは世界中の脅威であります。

## 「ワシントンが灰になるぞ」

アメリカに対して、「今度、俺が爺さんの遺志を継いでやる時に邪魔だてをしたらどうなるか、ワシントンが灰になるぞ」と、それを言うために、北朝鮮は１９８５年に寧辺《ヨンビョン》原子炉が臨界点に達して以降、プルトニウムを溜め、開発を続けてきたのです。金正恩は舌を巻くほど戦略的に長《た》けた人間だと思います。核開発は彼の最大最終的な目標で、今まで膨大《ぼうだい》な国家予算をつぎこんできました。

ＧＤＰは韓国の80分の１に過ぎない国がこの核を持つまでにどれだけのカネを使ってきたか。80回を超えるミサイルの試射を繰り返した人間が、突然、人類愛に目覚め、国際協調主義になり、核兵器をギブアップするでしょうか。私は「するわけがない」と思います。いきなり国際協調主義になることはないでしょう。

もしこの前提が正しいとすれば、近年の〝微笑外交〟は何を意味するのか。すべて時間稼ぎのためだと私は思います。今に至るシナリオを、２０１７年の夏からずっと考えてきたと思うんです。

そして、彼は、17年11月29日に火星15を発射した後、もうこれで核国家として我々は完成したと宣言を出します。まだ本当は完成していません。大気圏の再突入技術や核弾頭の小型化など課題が残っています。しかし彼には、トランプは何をしでかすかわからないという恐怖感が募《つの》ってきた。トランプなら軍事攻撃をやりかねないと思った時に、あと一歩まで来ている核開発の施設がアメリカの攻撃にやられてしまうのは大変な打撃になりますから、これはなんとか止めなければいけない。それで、あの宣言を出したのだと思います。

全部私の推測ですが、「もう自分たちは報復能力があるよ、もうこれから核実験する必要はない」と言って、妹の金与正《キムヨジョン》を派遣し、文在寅《ムンジェイン》を抱き込んで、そして、文在寅からの特使派遣を得て、今度はその特使がトランプに会いに行った。そこまではすべてシナリオに入っていたでしょう。

しかし、ひとつとんでもないことが起こった。それは、自分がトランプを招待したわけでもないのに、トランプから「会おう」と言われたことです。

米朝首脳会談（2018年）で、両国の関係は解決の方向に向かうのでしょうか。私も期待したいですが、しかしこんなもの、うまくいくわけがないと思います。だいたいこの会談が開かれるまでの経緯からして、非常におかしいと思います。

もちろん私は報道しか知りませんが、丹念にアメリカのメディアの報道等を読めば、そもそも首脳会談は予定されていなかったことが見えてきます。

韓国の鄭義溶《チョンウィヨン》国家安保室長が訪米し、ホワイトハウスでアメリカの高官と会っているのを聞きつけたトランプ大統領が、当初は会う予定はなかったのを、「俺のところに連れてこい」と言って、トランプと鄭義溶の会談が持たれました。この時に、鄭義溶は、金正恩からの首脳会談開催の申し入れなど携えていなかったと思います。仲人口だったと思います。

彼が何と言ったかというと、「Mr. Kim Jong Un is eager to see you.」（金正恩氏はあなたと会いたがっている）と言っているわけです。これは要するに普通の会話です。そこへ、トランプが飛びついた、という格好です。

一番びっくりしたのは、金正恩であり、文在寅でしょう。だから、金正恩はしばらくステートメントを出さなかったのだと思います。

金正恩が「非核化にコミットする」と文在寅は言いますが、金正恩は前から、「北朝鮮は非核化にコミットしている、ただそれには前提条件があって、体制の保全と軍事的脅威の解消が必要だ」と言っているわけです。

軍事的脅威の解消というのは在韓米軍の撤退のことでしょう。在韓米軍撤退が実現したら、我々北朝鮮も、非核化に向けて考えないでもない、というその程度の話でしょう。

## なぜ習近平は金正恩を呼んだか

次に金正恩が何をしたかというと、習近平に会いに行きました。習近平が彼を呼びつけたわけです。自分の頭越しにアメリカと北朝鮮が話をして手を握れば、中国の居場所がなくなります。東アジア情勢はすべて自分が差配する通りに動くんだという習近平のメッセージが崩れる。だから呼びつけたわけです。

国営通信の新華社通信は、長々とこの会談のことを発表しました。「我々が金正恩委員長を呼んだ。習近平主席は、これこれを言った、これこれを言った……」とずっと訓示が書いてあり、それからしばらくたってから金正恩の名前が出てきて、「彼はこう答えた」と。

これは世界中に示したショーなんですね。「俺たちが北朝鮮をコントロールしているんだぞ」と見せるためのです。

では、どうして、金正恩がこれに応じて行ったかというと、彼のほうは、いよいよトランプと会うのに後ろ盾《だて》が必要だったわけです。

中国と北朝鮮の間では友好協力相互援助条約が結ばれています。その第2条で、一方が外から攻撃を受けたときに、他方は自動的に参戦するという条項があります。

ところが、ここ数年、中国と北朝鮮の関係は非常に悪かった。中国の政府高官たちの間では、「あんな相互条約は意味を持たない」「第2条は知らない」といった発言が出はじめた。そうすると、トランプと会う時に、中国の後ろ盾が崩れてしまうことになるため、ここにきてもう一度、金正恩は友好関係を演出して見せたということだと思います。

## トランプを手玉に取った金正恩

もうひとつ。2018年4月20日に、金正恩は、3つのことを朝鮮労働党の委員会で発表しました。

1．ICBMの発射実験の凍結
2．核実験の凍結
3．核実験場の閉鎖

これは何の意味もない約束です。「凍結」は廃棄ではない。今ある現状で固定するということ。現在の状況を合法化するための言葉です。

豊渓里《プンゲリ》核実験場の（試験場の）閉鎖。これまで6回も実験し、坑道は崩落、放射性物質は人が立ち入れないくらい溜まっているはずです。いつまでも使えない。次のステージの実験をするためには新しい坑道を掘らなければいけない。だからそれを閉鎖すると言っただけのことです。

それをトランプは「big progress（大きな前進）」とツイートしました。軽率だと思います。金正恩がおバカなトランプを手玉に取っているという感じがいたします。

ただ、困るのは、アメリカ国民の好戦的な気分です。

アメリカの世論調査（2018年3月、Economist/YouGov 共同調査）で、「もしそれが中国に対する戦争につながるとしても、北朝鮮に軍事攻撃をすべきか」の問いに対して70％がイエスと回答しています。共和党支持者に限ると80％が賛成しています。

トランプ大統領は、北朝鮮に対し対話をもっても道が開かれないなら、残るオプションはひとつだけ、軍事攻撃だと話が発展していく可能性があります。

これが一番嫌なシナリオです。

トランプはこれから交渉に入りますが、彼らが望むような結果は得られないと思います。これで一番困るのはトランプであり、彼は不利な立場におかれることになります。

もともと首脳会談が実現すれば、金正恩にとっては、とんでもないくらい素晴らしいご褒美《ほうび》ですよね。アメリカの大統領と、核兵器を持っているだけで国際的に存在価値を示している小国の北朝鮮が、対等の立場で交渉する。もうそれで勝負あったです。

金正恩はこの会談に失敗しても別に痛痒《つうよう》を感じないと思います。国民は相変わらず将軍様を褒《ほ》め称えるでしょう。「あのアメリカに対してよく立ち向かった」「我らが将軍様は、あの暴れ馬で暴虐なトランプと渡り合って、そして要求を断固踏みつけた」ということになるだけです。

しかし、トランプはそうはいかない。この会談が失敗すれば、トランプは「言わんこっちゃない」と、国内で猛烈な批判にさらされます。ですから、トランプは何としても表面的にでも「これは成功した」という体裁を作らなければなりません。

どういうことがありうるでしょうか。私は、いろいろなところに書いていますが、何らかの暫定協定《ざんてい》(interim agreement) みたいなものを作ってしまうことだと思います。暫定協定とはどういうことかというと、北朝鮮はアメリカまで届くＩＣＢＭの開発を凍結し、アメリカは制裁を解除します、と。status quo ante (以前の状態) に戻るわけです。それは金正恩が登場し制裁が強まる前のときくらいでしょうか。

つまり制裁の効果が出て、北朝鮮はＩＣＢＭ開発計画を放棄しました、と言えば、アメリカ国民はそれで納得するわけです。

## 日本に届くミサイルは残る？

ところが一番困るのは日本です。日本にとってみれば、北朝鮮が中距離ミサイルを撤去しなければ安全ではない。特にノドン。北朝鮮はノドンを１９９３年から持っている。20年以上前に配備しています。

アメリカに対するミサイルは開発を中止し、譲りに譲って、私はそれはしないと思いますが、火星15を解体したとして、アメリカへの脅威がなくなるとする。一方で、20年間配備されてきた２００～３００発のノドンも解体してくれるだろうか。いや、金正恩がそんなことを呑むはずがない。

となると、日本に届くミサイルは残るが、アメリカに対するミサイルはなくなる。トランプはそれでもいい、と言う可能性がある。

「中・短距離ミサイルは昔からある。だが、アメリカまで届くＩＣＢＭの開発に対しては２００９年以降、制裁を強めてきた。その制裁が効いてＩＣＢＭはなくなった。でも、中・短距離ミサイルは20年前からあるじゃないか」

とアメリカ国民ですらそう思うかもしれません。

これがディカップリング（decoupling）の状況です。ディカップリングとは、２人がくっついている「カップル」の状態を離す「ディカップル」の状態のことです。これが起こってしまうと、日本の安全保障上の脅威が深刻化します。

アメリカには届かないが、日本には届くミサイルを北朝鮮が持っています。アメリカ人は、「そんなこと言ったって、日本はもともと、北朝鮮のミサイルにカバーされていたじゃないか、だから気の毒だけど、status quo ante というのは、日本がノドンミサイルでカバーされていた状態も含んでいるのだよ」と思うかもしれません。

しかし、それは大きく意味が違うと思います。「de facto（事実上の、慣習上の）」という国際法上の概念があります。今までは de facto でディカップリングの状態が存在した。

ところが、今度、トランプが「今度はしょうがない。ノドンは将来の課題としよう。とりあえず、アメリカへ届くＩＣＢＭだけ全廃しよう」となった時、国際法で、de facto の反対、「de jure（法律上の）」の状態にするということです。

日本には届くが、アメリカにまでは届かないというミサイルの配備状況が、de facto から de jure に移る。これは安全保障の世界では非常に深刻な状況、同盟論から言うと、非常に深刻な亀裂が生じるということになります。

## 中曽根首相のメッセージ

より深く de facto、de jure ということを勉強したい人は、是非１９８０年代の米ソＩＮＦ（中距離核戦力）削減交渉を調べてください。

私は、外務省でＩＮＦ交渉時の課長でした。その時の仕事をよく覚えています。１９８６年、アメリカのレーガン大統領とソ連のゴルバチョフ共産党書記長の間で、ウラル山脈の西側、欧州側に配備しているソ連の中距離核ＳＳ－20を全廃する合意が成立しつつありました。しかし、東側に配備されている日本に向いた１７７基のＳＳ－20はそのままでした。

その時に、日本側は、中曽根（康弘、首相）さんが、レーガンにメッセージを送りました。そのメッセージを持って行ったのは私ですが、「とにかくそれだと日米がディカップリングにさらされるので何とか変えてくれ」という内容でした。

この提案について、「ただ日本は１７７基を撤去してくれと言っているのではなく、非常に現実的かつ建設的な提案を持ってきた」とアメリカ側は感心してくれた。そしてもう一回米ソ交渉をやり直して、レーガンは頑張ってくれたんですね。「東側も撤廃させなければこの交渉はなしにする」と。

当時の西ドイツは怒りました。せっかくＮＡＴＯとソ連との間で、ウラル山脈西側の中距離核を全廃することで合意したのに、「日本は何も政治的なコストをかけずに余計なことを言ってきて、全体の合意を危うくしないでくれ」と。

しかし、アメリカのワインバーガー国防長官はこれをはねのけました。結局、もう一度交渉を始めて、東側のＳＳ‐20も全廃しました。レイキャビックでの合意です。これは日米同盟関係の金字塔です。一番輝かしい時代でした。

トランプ政権がそれをやってくれるか？　やらないでしょう。

そうすると、そこでディカップリングが起こってしまいます。「いままでだって、日本はノドンで覆域《ふくいき》されていたじゃないか、93年から脅威にさらされてきたんだから、いま全部やれといっても無理だ」とアメリカは言うでしょう。

つまり、ディカップリングをアメリカが正式に認めたということです。そうすると同盟の本質的な問題に関わってくるのではないかと私は心配します。

## 30年後の東アジア

いま一番気にしているのは、これからの30年間に起こる中国の強大化と、中国をふくめた東アジア全体の動きです。

2049年は、共産党が国民党に勝利して中華人民共和国を創設してから100周年にあたります。習近平国家主席はこの年までに、「中国は世界最強、最大の国家として登場する」と、いろいろな機会に言っています。その時に、「偉大なる中華大民族の大復興の夢が実現する」ということにターゲットを絞っています。

2048年は、北朝鮮建国100周年です。それまでには強大な核保有国となる。それは韓国の考えていることとも一致するわけです。

韓国は、1945年、日本の敗戦の年が独立の年ですので、2045年は光復節100年。この年までに北朝鮮と一緒になって統一朝鮮を作り、人口8000万の強大な国になる――これは、文在寅の2019年8月の演説にはっきり出てきているテーマです。

そうして、統一朝鮮は太平洋とユーラシアの架け橋になるんだと。日米韓の安保協力3ヵ国ではなく、中国、ロシアに傾斜した立ち位置になる。「その時には、日本は真っ当な国にならざるを得ない」と文在寅は言っているわけです。「日本は歴史認識も持たないし、どうしようもない。韓国が日本よりも強くなった時に初めて、日本は健全な国として韓国の言うことを聞くんだ」というのが彼のテーマです。

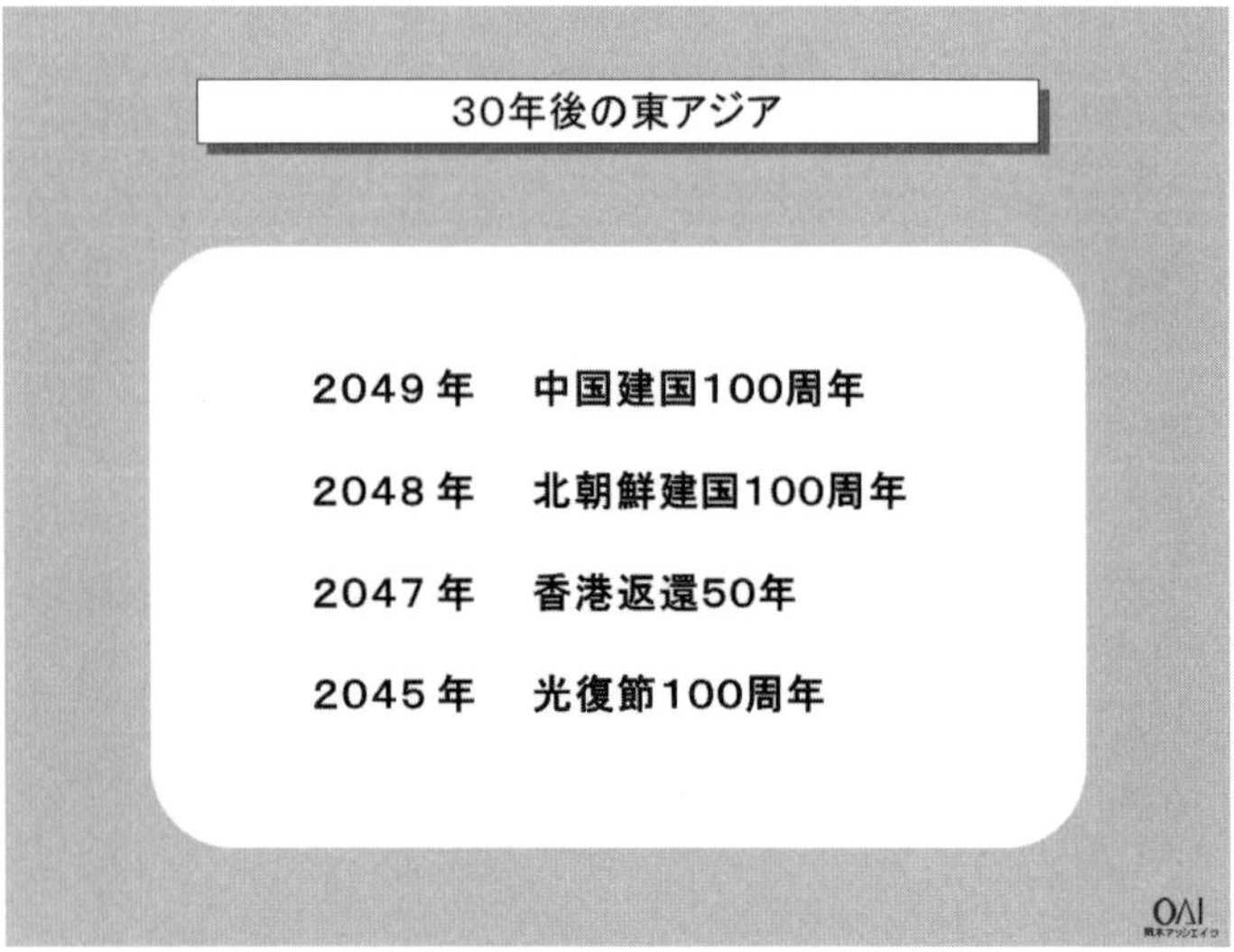

| | |
|---|---|
| 2049年 | 中国建国100周年 |
| 2048年 | 北朝鮮建国100周年 |
| 2047年 | 香港返還50年 |
| 2045年 | 光復節100周年 |

【Ⅰ‐Ⅺ】今後３０年、東アジアで節目となる出来事

将来、北朝鮮と韓国が一緒になり、核兵器をもった強大な国家として、日本の上に立っているかもしれません。日本はもうじきインドにＧＤＰを抜かれます。ドイツにも抜かれると言われています。統一朝鮮にも、今の勢いで行ったら抜かれるかもしれません。そういう状況です。

中国は香港でいくら抗議活動が起きようと、２０４７年には、自分たちの完全な領土にするでしょう。こうしたことが、この先30年、東アジアの大きな節目になっていくんだと思います（図Ⅰ‐Ⅺ）。

## 中国が世界最強国家に

その中で私が一番恐れているのは、中国が建国100周年に世界最強国家として君臨し、太平洋を自分の覇権におき、台湾を自分の下に置くことです。

先ほど話したように、アフリカに行った時には驚きました。中国の一帯一路政策は、とにかく凄いです。いたる所に中国の存在を感じました。中国は大統領官邸を作り、外務省を作り、議事堂、空港、橋梁《きょうりょう》を建設し、道路を造る。すでに一帯一路をアフリカで始めているわけです。

アジアでは、彼らが主張する「九段線」（注：南シナ海の南沙諸島、西沙諸島などについて中国が主張する海洋境界線）の中にある南シナ海の島は全部自分のものにしてしまっています。これはアメリカのオバマ大統領の責任が非常に大きいと思います。

彼は任期中、外交に関しては何もやらなかった。中国が一番最初に南シナ海で滑走路をつくった時、アメリカが軍艦を派遣してデモンストレーションでもして抗議活動をしていれば、中国はこんなに易々《やすやす》と、滑走路を7つの島に作ることはできなかったと思います。しかし、オバマは「戦略的忍耐」と言って何もやりませんでした。

先日、オーストラリアの軍艦が南シナ海に入った際に、人民解放軍は、軍艦に向って「中国の領海に入ってきた。歓迎する。ただし、あちこち回らずに一直線で目的地に行くように」と指示があったそうです。中国は、公海を自分たちの「領海」として扱っているのです。

これに対して、何をすれば是正できるのか。それは中国と戦争するしか道がないという状況になっています。それは無理なので、原状回復は厳しい状況でしょう。中国は南シナ海を実質的に自分たちの手中に収めているのです。

そして、中国がいま何をやっているかと言えば、南太平洋の島々を掌握《しょうあく》しにかかっているわけです。

ソロモン諸島とキリバスを台湾承認国から中国承認国に変えさせました。ソロモン諸島には、戦時中の日本軍の激戦地ガダルカナル島があり、その北にツラギという島があります。ツラギは海深が深く天然の良港で、海軍基地にもってこいです。

中国はツラギに75年の租借権を設定して実質上の買収を企《たくら》みました。中国政府と密接な関係にある中国の民間企業がフロントになり州政府と進めようとしましたが、幸い、ソロモン諸島の中央政府が禁止したので事なきを得ました。

中国は、日本が戦時中、進軍した経路そのままを狙っているわけです。真珠湾を攻撃した日にマレーシアにも上陸して日本の版図を広げたときと同じ経路で、中国は入ってきているというのが不気味です。

## 電光石火のうちに台湾を降伏させる

そして、一番深刻なのは台湾問題です。

習近平は、「偉大なる中華民族の大復興の夢」というフレーズを繰り返し使ってきました。それはどういう意味か。

復興というのは、今いる立ち位置よりもかつては高いところにいた、だからそこに戻るんだということだと話しました。今や中国は押しも押されもせぬ大国で、世界第2位の経済力、軍事力、政治力を持っています。それでも「大復興、大復興」ということは、いったい何を意味しているのか。

清が、勢力版図が最大だったときを、思い出してみてほしいと思いますが、モンゴルは清のものでした。沿海州も樺太も清のものでした。

では、それらを取り戻すことが「大復興」なのでしょうか。そのために、ロシアやモンゴルと戦争をするのでしょうか。

そんなことはありえません。よく考えると、1つのことが分かってきます。それは台湾です。つまり、台湾を併合することが習近平の言う「大復興の夢」なのだと私は確信しています。

彼が終身国家主席の道を拓《ひら》いたのは、単に政治的な野心が成せる業ではないと思います。台湾併合という中国国家の最大の目標を、自分の手で実現するのだという固い決意のためでしょう。

もちろん、最初は平和的にいって、「30年後でいいから、一国両制度になろうよ」と言うでしょう。しかし、香港の状況を見ている台湾がイエスと言うわけがない。そうしたら最終的には、武力を使って台湾を併合する。

２０１９年1月2日の演説でも、習近平は、「自分たちは台湾と統合するのが目標であり、武力を使わないという約束はできない」とはっきりと言っています。

２０４９年に、中国が自らを祝福して、世界の強大国として君臨する。その時には台湾は完全に中国のものになっているというのが彼らのシナリオです。これを中国が行えば、日本に対する最大の危機が起こります。

私は、日本に対する最大の危機は北朝鮮ではないと思っています。日米安保条約がありますから、もし北朝鮮が日本にミサイルを飛ばせば、アメリカが北朝鮮に反撃、ミサイルを飛ばす。そうすれば、北朝鮮は無くなってしまいますから、金正恩はそこまでやらないと考えます。

しかし、中国の台湾問題は現実の脅威です。中国が台湾を攻撃するのは現実的な可能性があると思います。その時に日本は巻き込まれる。巻き込まれたとき、アメリカがどう出るかです。

中国が仮に台湾を取りに行ったらどうなるのか。アメリカの国民は5割以上が「台湾を助けろ」となるでしょう。アメリカは、台湾の方から独立宣言をするような挑発的な行動をとらない限りは、台湾を防衛することになると思います。つまり、台湾海峡で中国軍を阻止するということです。それは台湾を守る、中国にまだ台湾が取られてない時にアメリカが助けに行くという意味です。

ところが、中国がその時に台湾を既に取っていたら、人民解放軍がすでに掌握していたらどうか。そこをアメリカが数万人の兵隊の血が流れることを覚悟してまで奪取するでしょうか。私は、それはないと思います。中国はそれをよくわかっていると思います。

中国はアメリカと戦争をしたくない。それは核兵器を使った戦争になりますから。中国の狙いは、電光石火のうちに台湾を完全に降伏させて、自分たちの軍事的支配下においてしまうことだと思います。中国は着々とそれを実現するために軍事の拡張を進めているわけです。

ミサイルの飽和攻撃を行うことによって台湾の戦意を挫《くじ》き、降伏させる。その時の台湾政府が中国寄りかどうかでだいぶ違います。

中国にとってみれば、台湾政府は非常に大事なんです。国民党が勝ったからといって、中国との統合に賛成とは思わないでしょう。民進党が勝ったからといって、直《す》ぐに独立はしないでしょう。

しかし、戦争になった時に、いち早く中国の軍門に降る、そういう政権が中国にとってはほしいのです。

## 20年代後半から30年代前半に日中軍事衝突

アメリカもそのことを知っています。自分たちが行く前に台湾が占領されてしまったら、国民世論も議会も、アメリカの行政府も、軍事介入を支持しないでしょう。

台湾関係法にある「合衆国は、十分な自衛能力の維持を可能ならしめるに必要な数量の防御的な器材および役務を台湾に供与する」は、とにかく台湾に長く持ちこたえてくれということなんです。

これが功を奏して1週間、2週間持ちこたえることができれば、アメリカは出動するということでしょう。

その時に日本は、日米安保条約があればアメリカについていかなければなりません。

後方支援をしなければならない。

そうなると、日本と中国の軍事衝突の可能性すら出てきます。これが下手をすれば、２０２０年代の後半ないし２０３０年代の前半に起こる可能性があるわけです。

なぜなら、２０４９年の大祝賀行事、その記念すべき時に、中国は世界中から祝福されなければならない。世界中と敵対して孤立化した中国になることは、習近平は絶対に避けたい。そのために、早めに、20年くらい前に台湾を押さえておく。

当然、中国は孤立して世界中から非難されますが、20年経てば記憶が薄れると彼らは考えています、というのがアメリカの専門家の議会証言でした。

１９８９年の天安門事件で中国は世界中から攻撃されましたが、北京オリンピックでは世界中から歓呼の声を浴びて開催できました。「だから２０２０年代後半、30年代前半が危ないんだ」という見立てです。

日本の最大の外交目標が何かと言えば、中国をその誘惑に駆らせないことです。中国がそういうことをしないように、まずは平和的に中国を説得することです。

ただし、それだけでは将来的には不十分でしょう。あとは軍事的に対応する必要があります。

つまり、アメリカと一緒になって、きちっとした抑止力を作ること。そして台湾を攻撃したら日米両国からどういうしっぺ返しがくるかということを、彼らにわからせておく必要があります。

これからの30年で起こる中で一番気にしている中国のことを話しました。

## テクノロジーの爆発

テクノロジーはどれくらいの勢いで変わってきているのでしょうか。

オックスフォード大学の研究報告では、これからの経営者に必須の能力として、リップル・インテリジェンス（ripple intelligence）を挙げています。ripple（さざ波）のような小さな変化が、やがて大きな変化につながっていく。リップルを見逃さない能力が重要であると。

ripple（さざ波）のような小さな波から wave（波）へ、そして surf（浜辺で砕ける寄せ波）へ、そして tsunami（津波）へと発展していくのが、今のテクノロジーの爆発なのです。

要素技術の一つ一つで起こっていることが単にテクノロジーの面だけでなく、ＩＴの面だけでもなく、デモグラフィー（人口学）や地政学的なところまで含めて、すべてが一つの大きな津波となって襲いかかってきているのが、今の世の中です。

先ほど独裁者の時代だと話しましたが、世界はまれにみる大変動が起こっている時代。それと並行して、テクノロジーと産業社会、そのほかの人間生活を律するところでも、大きなことが起こっている時代になってきています。

モロッコでの会議に出席したとき、欧州テスラの社長の基調演説に驚きました。「私は先週、ブリュッセルからパリまで自分の車で運転していきました。とっても楽でした。ただの1度もハンドルに触れませんでした。ただの1回もブレーキのペダルを踏まずに運転してきました」と言うのです。

欧州のオートルートは制限速度もなく、パリの街は、運転は乱暴ですし、常に渋滞しています。そのルートを1回もハンドルに手をかけず、1回もブレーキを踏まない時代になってきたとビックリしました。他の参加者たちもため息をついていました。

オートノマスという技術が単体でなってきているのではなく、要するに、リップル・エフェクト(ripple effect、さざ波効果)と言えるでしょう。他の要素技術はたくさん関係していますし、車社会が変わってきている。そういう中での進歩なんです。

もうひとつ、ショッキングな話です。改めて、時価総額ランキングを見て慄然《りつぜん》としました。時価総額で見た企業の世界のランキングです。

2018年、トップ7社はアップル、アルファベット、マイクロソフト、アマゾン、テンセント、フェイスブック、アリババ。これらはすべて、プラットフォーム企業です。その7社の時価総額の合計は、日本のGDPにほぼ匹敵します。日本の製造業は、トヨタ以下トップ15社を集めても、アップル1社の時価総額にかなわないという事態が起こってきていましたが、今では日本のGDPが比較されるような時代になってきました。ここでも大きなことが起こってきています。

## 悪化する気候変動

気候変動についても非常に心配しています。

「日本は四季の大変美しい、さわやかな国である」と、日本がいかに美しいかを我々は愛《め》でてきましたが、実際は日本ほど自然災害に弱い国はありません。

3つのプレートの上に国があり、地震は世界で圧倒的に多く、山が急峻《きゅうしゅん》で平野が狭い。日本の川は、河口までの距離が短く、高低差が大きい。ものすごい勢いで豪雨が河口に流れ落ちて洪水になる。

一方で、ナイル川の流れはゆったりした悠久《ゆうきゅう》の流れです。全長6700キロもありながら、高低差は数十メートルにすぎないからです。だから、洪水は起こらない。

さらに、日本は国土が狭く沖積《ちゅうせき》平野、つまり川の泥で作られた平野が非常に多い。国土の13％が沖積平野になっています。

この沖積平野に人口の51％、産業施設の71％が集中しています。環境の保全、地球の温暖化を阻止しないと、日本は一番ヴァルネラブル（vulnerable、脆弱《ぜいじゃく》）な国と言ってもいいくらいです。

２０１９年は大型の台風19号が日本を襲い、千曲川の氾濫《はんらん》がありました。日本に来る台風の規模がどんどん大きくなっています。

「今までに経験したことのないような大型台風です」というのを何度、耳にしたことでしょうか。これは来年以降も繰り返し聞くことになるセリフでしょう。

台風19号の勢いが、海水温の上昇に基づくものであることは疑いありません。低温水域で台風の勢力が弱まるはずが、ほとんど弱まらなかった。平年より海水面の温度が高くなっていたからです。

海面温度が1度上がると、雲の中に吸収される水蒸気は７％増えると言われます。１９００年から数えると、今日まで海面の平均温度は1度強上がってきています。

ということは、その頃に比べれば、台風は水分をかなり余計に含んでいるわけです。

これからも温暖化が止まらない限りは、台風の巨大化は続くということです。

## 干ばつ、山火事、ハリケーン、酷暑

世界でも異変が多発しています。干ばつや山火事、大型ハリケーンや酷暑《こくしょ》など。それを人間の温暖化ガスの排出と結びつけるのは間違いだ、と今でも言う人たちがかなりいます。これまで喫煙と肺がんの因果関係を否定してきた人たちがいましたが、私に言わせれば、それと似たような話だと思います。疑いようもなく温暖化が進んでいます。

【Ⅰ‐Ⅻ】英国「エコノミスト」（2019年９月刊）の表紙。左側から青→水色→赤と推移

図Ⅰ‐Ⅻは、２０１９年９月の英国「エコノミスト」誌の表紙です。１８５０年から２０１８年までを横軸にとり、１９７１年から２０００年までの平均気温を基準とし、それより平均気温の低かった年は青色系、高かった年は赤色系で、濃淡は温度差を表しています。そうすると、１年ごとの違いはあまりないにしても、

数年ごとでみると確実に、世界が温暖化に向かいつつあることが明らかに示されています。

ただし、これはある意味仕方のないことでもあります。冒頭で話したように、私が生きているこの短い期間内に世界の人口は3倍になっているのです。

文明が生まれた紀元前4000年から見て、世界の人口が10億人に来るまでには5800年かかっているのに、そこからたった200年で77億人にまで増えた。

しかも都市化も進んでいます。私が5歳だった1950年には、都市化率29・6％でした。それが、多くの人が都市に出てきて、今は56・2％までになっています。経済活動も活発になり、世界のGDPは1960年からこれまでの間に62倍になりました。

また、飛行機や船で旅行する人も一気に増え、1950年から見て55倍になりました。貿易にいたっては1960年の150倍。凄まじい増加です。

私が子供のときは、クーラーを持っている家はどこにもありませんでしたが、今や90％を超える家庭が、クーラーを使っています。こういう文明の繁栄、生活の利便性、豊かさ、これらすべては化石燃料をボンボンと燃やすことによって可能となってきています。

これにより、地球に温暖化ガスが膨大に排出され、ものすごい負荷になっていることは、皆、頭の中ではわかっていますが、実際になかなか動けないというのが現実です。

京都議定書が作られた１９９７年、排出を減らそうと世界が話し合った当時から比べて、ＣＯ２はかえって増えてきています。ＣＯ２排出量を国別で見ると、中国、アメリカ、インドの３つの国で、全体の50％を排出しています。そこに日本を含む９ヵ国を加えた12ヵ国が、世界の70％のＣＯ２を排出しています。それが温室効果ガスとなって地球をくるんでいます。

熱は逃げようがないから、海面温度がどんどん上昇しているのです。先進国としての日本の責任は重いし、災害にヴァルネラブルな国であることを考えれば、日本は一生懸命取り組むべきだと思います。

気候変動に対する新たな動きとして、ＳＤＧｓ（持続可能な開発目標）ができてきて、企業経営の中心部分に、環境問題が入るようになってきていることには注目しています。

ＥＳＧ（環境・社会・ガバナンス）もそうでしょう。企業の経営方針の中に、環境への配慮がないと、投資家がその企業への投資を避けるという傾向が出てきています。

世界のＥＳＧ投資の総額はいまや31兆ドル、約３４００兆円にのぼります。そのうち日本の金額は７％です。欧州などに比べればまだまだ動きが鈍《にぶ》いと言えるでしょう。

## ニューヨーク、フロリダ、東京が水没

私はこういった流れが出てくるのは当然のことだと思っています。このまま世界がうまく対処できなければ、２０５０年には北極の氷が夏には完全になくなってしまうと言われています。

シロクマはどこへ行くのかという問題もありますが、深刻なのは、温度がさらに上昇していき、南極と北極と、それから陸上の山々の雪が溶《と》け出していくことが考えられることです。

仮に、地球上の氷がすべて溶けてしまうと、海面がどれくらい上昇するかわかるでしょうか。66メートルです。

アメリカでは、今ある都市はほとんど水没することになります。ボストン、ニューヨーク、フィラデルフィア、ノーフォーク、フロリダなどすべてが水没します。ヨーロッパも南アメリカもアジアも同じで、東京も海の中に沈みます。

もちろん、こんなことがすぐに起こることはありえません。現在の地球の平均気温

14度がさらに13度上昇しないと、地球上の氷がすべて溶けることはないからです。それまでには何千年とかかるかもしれません。しかし、長いスパンで考えてみる必要もあると思うのです。

いったい我々人類は、いつまで繁栄していられるでしょうか。最近よく考えます。人類が繁栄して4万年と仮定します。これは地球のサイクルの中でどのくらいの期間になるでしょうか。地球が誕生してから現在までの46億年を1日にすると、そのうちの1秒にもならないのです。計算してみて愕然《がくぜん》としました。地球の年齢の中の人類の繁栄は1日で考えると1秒にもならない。恐竜は1億5000万年、それでも1日にしてみたら47分間です。

にもかかわらず、1秒にもならない人類が、こんなにも速いスピードで地球を破壊してきている。地球の中で人間が繁栄した時期というのは泡沫《ほうまつ》どころか、ほんの一瞬の、光がパッと差したくらいの時期で終わってしまうかもしれません。

私はそれくらいの状況に直面しているのだと思っています。大変な焦燥感《しょうそうかん》に駆られています。

# Ⅱ・日本の国際化のために必要なこと

## 漸進国家・日本の敗退

私は、我が国のことを「漸進《ぜんしん》国家」と名づけています。インクレメンタルにしか物事が進んでいかない、進めることができない国家である日本は、世界の潮流の中でだんだんあとずさり、後退して行っているということです。

ある時、「50年後の日本を考えてくれ、50年後の日本のリスクは何か、オポチュニティー（機会）は何かについて講演してくれ」と、議員の勉強会で頼まれました。

私は、率直に、開口一番、「それはナンセンスです」と言い、次のように続けました。「50年後の日本を見通すことは、逆に言えば、１９６9年の時点で、今の日本を見通せと言っているのに等しい。高度成長の真っただ中の日本が、今日の日本が抱える

# 文藝春秋の新刊

# 1

2021

「落椿」©大高郁子

●アイドルの輝ける愛、そして復讐のドラマ

# キャッシー

中森明夫

さえない少女はいかにアイドルとして生まれ変わったのか。誰よりもアイドルの深奥を知る作者が放つ比類なきドラマとカオス

◆1月14日
四六判
並製カバー装
1800円
391313-1

●NHK大河&新しい一万円札の顔！

# むさぼらなかった男

渋沢栄一「士魂商才」の人生秘録

中村彰彦

「幕末の志士」から「日本資本主義の父」へ。誰も知らなかった渋沢栄一の素顔を直木賞作家の中村彰彦が解明する。歴史秘録の決定版！

◆1月14日
四六判
並製カバー装
1600円
391320-9

●だから私は忘れない。ささやかなあの命の響きを

命において死は生きるのと並行し

装

◆発売日、定価は変更になる場合があります。
表示した価格は本体価格です。これに消費税がかかり定価となります。

東海林さだお

●21世紀、私たちはどこへ向かうのか

# 哲学と人類

ソクラテスからカント、21世紀の思想家まで

岡本裕一朗

AI、遺伝子工学、デジタル監視社会……人類はどこへ行くのか。石器、印刷術やデータ資本主義など技術の哲学で読み解く人類史

◆1月27日
A5判変型
並製カバー装

1900円
391325-4

●官能的で衝撃的な結末。大人のための短編コミック集

# タイニーストーリーズ

原作 山田詠美 作画 内田春菊

6人の女性の性愛、家庭、友情を描いた、ささやかなのに心をとらえて離さない短編集。山田詠美の小説を内田春菊がマンガ化

◆1月27日
A5判
並製カバー装

1050円
091100-0

問題を、いくら知恵を絞っても議論できるわけがないじゃないですか。それよりは、もっと足元のことに知恵を絞ってください」

「しかし、皆さん！」とさらに続けました。「世界中で50年先の自分たちの姿を毎年議論しているところがあります。それはシンガポールです」

あの小さな国だから、自分たちが50年先に生存していられるかどうかわからないという深刻な危機意識があります。だから、彼らは絶えず、50年後の自分たちを議論し、施策を練っているんです。日本と違うところは、それを確実に実行に移してきていることです。

シンガポールが発展し続けるためには、世界とどんなインターフェイスをとってグローバル・エコノミーでどうやって生きていくか。それしか生きていく道はないのです。

それには自分たちの競争力を上げなければいけない、そのためには英語がまずは必要だということで、英語教育に大変に力を入れています。

いまオックスフォード大学の学生を国籍別に見ると、一番はもちろん圧倒的にイギリスですが、2番目に多いのはシンガポールです。

TOEFLの成績は、アジア29ヵ国で、1位はシンガポール、日本は27位。なんと、アジアで最後から3番目。モンゴルよりもアフガニスタンよりも下です。

前出の会合で、「せめて、日本の学生の英語力を北朝鮮並みにするのが皆さんの責務です」と訴えてきました。北朝鮮は13位です。母数が小さいからではありません。日本の学生は学校で教わっている英語を理解していないのです。

私の長年の親友であった故小坂憲次代議士が文科大臣の時、彼は教育改革の一番最初に英語をもってきて、小学生から英語を教えるプログラムを推進しました。その後、「小学生に英語を教えてどうなるか。まずは日本語だ」と政策が転換され、今の状況をもたらしています。

いつのまにか、日本の学生は、世界でも最も勉強しない種類の学生たちになってしまっているのです。これは企業の責任も非常に大きいと思います。企業が学生の成績を問わない。優がいくつ以上なければ当社を受験させない、ということになれば、学生は目の色を変えて勉強しはじめるでしょう。

しかし、面接試験では、協調性があり、我慢強く忠誠心の強い人材、上司に反抗しないか、転勤を命ぜられたらすぐに応じるような人間かを見抜くのが人事の使命といった基準を取り続ける限り、こういうことになっていくのではないでしょうか。能力があっても、尖《とが》った人は嫌われる風潮です。学生は勉強の方はどうでもいいと思ってしまいます。

## 一番大事なのはボキャブラリー

世界の中で英語は、アメリカ語、イギリス語ではなく、「世界語」となっています。国際会議やセミナーに出席して感じるのは、ランチの時間やコーヒーブレイクでは世界中の言葉が入り乱れていますが、いったん会議になるとみな英語です。アフリカもアジアの人たちも実に見事な英語を話す。

日本は英語を知らなくても自己完結的にやっていけるという意識があって、英語教育をきちんとやらない、それは大きな間違いだと思います。我々だけがその空間から、取り残されているという気がしてなりません。

ＥＵ（欧州連合）を見ても、今度イギリスが抜け英語を公用語としている国はアイルランドとマルタぐらいしか残りませんが、それでもＥＵは英語を共通語として使い続けます。英語は苦手でも、なんとか食らいついていってもらいたいと思います。

皆さんも英語で悩んでいると思います。私も今でも悩んでいます。私はどういう英語を話しているかというと、訥々《とつとつ》としたゆっくりした英語です。

国際社会と交わっていくためには英語が必要です。でも、流暢《りゅうちょう》にしゃべろうと思う必要はありません。長い間、国際関係に身をさらしてきて、一番大事なのはボキャブラリーだと思っています。アメリカの高校生がしゃべるボキャブラリーではなく、大学生が使うボキャブラリーを５００くらい完全に自分のものにするということです。

自分が妥協せずに、頭の中にあることを英語に置き換える。この作業はやはり高度の英単語が必要になります。適当な単語が見つかれば、文法は二義的、発音は三義的なことです。

私は昔からノートに単語を書いて覚え込んでいます。real という言葉しか我々は知らないが、それを tangible とか verifiable にしたり、not clear とだけ言わないで、murky や nebulous とか。

なぜ大事かといえば、それぞれに意味合いがあり、相手に対して自分の思想を非常に強く伝えやすいからです。少し書生っぽい言葉ですが、こういう言葉に置き換えてみる。

「見通しがあまり明るくない」を not bright という代わりに、bleak だとか desolate とかそういう言葉にできるよう、意図的にそういう言葉をたくさん覚えて使ってみる。

１日に１つ覚えればいいだけの話です。私はこれを、私が教えているゼミの学生たちに課しています。これはいい言葉だとおもったものを全部書き出してみよう、と。

例えば、英国の「エコノミスト」誌。私は世界一の週刊誌と思っています。巻頭コラムは大体1ページですが、あれを必ず読もうと。そこに素晴らしい知恵がうずもれている。どういう英語の表現があるのか、どういう言葉を使うのか、そこから自分の単語帳をつくっていく。

こういう言葉を使えば、相手にどういう印象を与えるかというと、「まあ、この人は、英語は母語がじゃないから流暢じゃないし、文法も間違えているけれども、しかしこういう概念をちゃんと知っている人だ。ちゃんとしたレベルの教育を受けている人なんだ」と分かってくれる。

そうすると、今までの私の経験上、向こうのしゃべる速度もゆっくりになり、相手にわかるように話してくれる。格好よくしゃべろうとすると、相手もこっちのことを全然考慮せずにしゃべってきます。

これはノウハウの1つですが、私はいろいろな企業で新人研修や中間管理職研修をやるときに、この話を必ずすることにしています。

我々の中では、日本語だけの豊かな社会がありますから、あまりハンディを感じないですみますが、いったん世界に出れば、惨憺《さんたん》たることになります。

今はみんな英語をしゃべる。アジアの人たちも、アフリカの人たちも、いい英語をしゃべる中で、日本人が英語をしゃべれないということが、どのくらい国際競争力を落とすことになっているか。

学生たちに、意欲はあると思います。勉強しなくていいといっている教育制度に、非常に問題があるんだと思います。

日本がここにとどまっている限りは、上のほうに復活できません。

## 世界のトップ企業50に日本は1社のみ

企業の側も、惨憺たることが起こっています。

１９８９年の時価総額の世界のトップ企業50のうち32社が日本の企業でした。それが、今は1社、トヨタ自動車が41位で残っているだけです。

フォーチュン５００の構成企業の入れ替わりはどんどん激しくなり、過去20年間で65%が入れ替わっています。そうした中で、新しい企業が日本から生まれてきているか。

ユニコーン企業といわれる未上場で時価総額が10億ドル、１１００億円以上の企業、これが明日の大企業になるわけですが、アメリカは２００社以上、中国も１００社以上ある中、日本はたった3社にとどまっています。

全体的にどうして日本がこんなに元気がなくなってしまっているのか。残念ながら、ユニコーン企業で見ても、日本の姿はほとんど見えません。

２００２年の「ニューズウィーク」誌の表紙を覚えていますか？（図Ⅱ-Ⅰ）

「Japan takes it easy. The Former Juggernaut Seems Destined to Become Asia's Switzerland - Rich, Comfortable and Irrelevant」

居心地のいい社会の風景が表紙で、「お気楽日本。世界情勢とは関係ない国になりつつある」です。juggernaut というのは「重戦車」の意味で、かつての日本のことを言っています。

RUSSIA'S FAKE BOOM • AFRICA'S CHILD SOLDIERS
Newsweek
JAPAN
TAKES IT EASY
The Former Juggernaut Seems Destined to Become Asia's Switzerland—Rich, Comfortable and Irrelevant

【Ⅱ-Ⅰ】「ニューズウィーク」（2002年5月13日号）表紙

〈日本はアジアのスイスになり、金持ちで、居心地よくて、そして世界にとって関係のない国になる〉という指摘です。太平天国である日本が、競争力を失っていく様を皮肉っています。

この手厳しい評価から日本は変わったでしょうか？ 17年経ってい

るのに、我々はまだそこから抜け出せていません。変わったどころか、かえって落ち込んでいる状況ではないでしょうか。

平成の30年間は、日本は争いもなくいい時代だったと国内では言いますが、世界はその間、激動の時代でした。戦争、内戦が世界の各地で起こってきました。日本は平和でしたが、世界は今まで以上に荒れ狂った時代でした。その中で、できるやつ、できないやつの差が出てくる。やろうとする意欲のあるところと、安穏《あんのん》とした今の社会の中に満足しているところとの差が明らかです。

もう一回、どうやって盛り返すかの問題。国で一番大事な改革は「教育」だと思っています。

## 自分で守るか、他人に守ってもらうか、丸裸になるか

「国の安全」ということについても、聞いてもらいたいと思います。

国を守る、防衛ということになると、いままでタブーということになってきました。それを議論しないことによって、自分たちの身を遠ざけてきた。でもそこから我々は逃れられるものではありません。

国を守る、安全を確保するためには、私は3つの選択肢しかないと思っています。

それは自分で守るか、他人に守ってもらうか、丸裸になるか。このうちの1つしかない。いいとこ取りはできないと思うのです。

自分で守るためには、いまの自衛隊の規模を数倍にしなければいけない。そんなことはあってはならないことだと私は思います。かといって、丸裸になるのも嫌ですし、私自身は日米安保体制しかないと思ってます。

しかしそれは、皆さん自身がこれから判断していくことです。しかし常に考え続けてほしい。いま現在はその3つの選択肢しかないですが、皆さんの時代になったら、もう日米安保という2国間の安全確保の枠組みがなくてもいい時代になっているかもしれない。いわゆる「集団安全保障」の時代になっているかもしれない。

周りの国々がもっともっといまの強大な軍備力を削減して、同じような価値観をもって、信頼性の上に集団安全保障体制ができる世の中が、皆さんの時代に来るかもしれない。だから常にそのことを考えていてほしいんです。

## 平和と自由とどちらが大切ですか

それに際して一番大事なことは何かというと、私はこういうことだと思うのです。何でもいいとこ取りはできないと言いました。ここで一番難しい質問は「平和と自由とどちらが大切ですか」なんです。それは「平和も自由も大切です」がいいんでしょう。しかしどちらかしか取れないときになったらどうしますか。

我々はこれを国民的に議論しないできた。しかし国際的にはもう200年も前から結論の出ている話なんです。1775年、アメリカの独立戦争のときのパトリック・ヘンリーの有名な演説です。

「我々が奴隷《どれい》となって鎖で繋《つな》がれてでも手に入れなければいけないほど、平和というのは甘くて、美しいものなのか。神よ、他の人はどうか知らないが、私には自由か死か、どちらかを与えてほしい」

いまの国際社会の潮流は、まさにこういうことになっています。まず自由を守り抜かなければいけない。国連憲章は平和の守護神でありますが、これもよく読んでみれば、第6章は「紛争の平和的解決」なのに、第7章には「平和が壊れたときには、とにかく自由というものを確保するために、実力をもってでもみんなで協同行動をしろ」と書いてあります。

「すべての防衛力はなしにしましょう。誰かが攻めて来たら、みんなで降参しましょう。そうすれば命をとられることもないだろうし、世界第3位の産業経済力も破壊されないし、一滴の血も流れないし、平和じゃないか、だから平和が大切だ」という考え方がいいのか。それとも、ちょっと極端ですが、パトリック・ヘンリーのような考え方がいいのか。

皆さん自身で、何度も何度も議論して、結論を出していってもらいたいと思います。

## 北朝鮮と中国は公正と信義の国か

日本国憲法には、「平和を愛する諸国民の公正と信義に信頼して、われらの安全と生存を保持しようと決意した」と書いてあります。しかしそれは憲法の理想論ですね。つまり、「日本は悪いことをしました、我々は鉄砲を置きます、一切危ないことには手を出しません。我々は自分たちの安全というものを、平和を愛する諸国民の公正と信義に信頼して、保持いたします」ということです。

北朝鮮が、中国が、公正と信義の国なのでしょうか。日本だけが悪かった、だから、我々は鉄砲に手を出さないことによって、世界の平和が保たれるというのが憲法。

これはマッカーサーが「日本人の精神年齢は12歳だ、彼らに鉄砲を与えたら何をするかわからん」ということで、そういう書き方になっているのです。

ちなみに、占領軍の総司令部の指揮官として着任したマッカーサーは大変立派な人で、私は尊敬しています。日本のために、とてもいいことをしてくれたと思います。

今日の日本の民主化の基本的な所は、この人とその部下が作り上げたものだと思います。

マッカーサーが何をしたか、ＭＩＴ（マサチューセッツ工科大学）のジョン・ダワー名誉教授が名著を残していますから、一度読んでみたらいいと思います。

しかし、それから我々はどうやっていくのか。周りは総て「公正と信義の国」と言ってるから、我々はその人たちに運命を委ねればいいのか。

憲法の前文を読んでみてください。諸国民は公正と信義の民だけならばいいですが、必ずしもそうではない。悪い人たちもいる。紛争が起こる。そのときにどういう立場をとるか。ただただ平和だ、平和だというだけでは、冷厳な国際政治の前に、我々は対抗できないんです。

そのときに自分たちはどっちの道をとるべきか。自分たちの判断、善悪の基準がなければできないことなんだと思います。

## 普通の国防意識をもつ

激動する世界、危機がどんどん高まっている世界にどう対応するか、どういうインターフェイスをとるか。

1つは、普通の国防意識をもつということです。日本は周辺諸国すべてと国境紛争を抱えている、世界でも特異な国です。世界でもこんな国はありません。

かつては中国が、隣り合わせになっている国のほとんどと国境紛争を抱えていましたが、彼らはモンゴルやソ連・ロシアなどとはかなり解決してきています。

日本は何一つ解決してきていません。ロシアとも中国とも北朝鮮とも韓国とも台湾とも、国境紛争を抱えているわけです。

兵員数から言うと、東アジアでは世界の上位10ヵ国のうち、日本周辺の中国、北朝鮮、韓国、ロシアの4ヵ国がランクインし、この狭い地域に集中しています。日本は世界でも稀《まれ》にみる危険な地域にいて、すべての隣国と国境紛争を抱える環境に置かれているのです。

その中で日本を守っているのは、日米安保体制です。日本の自衛隊は、全部合わせて定員25万人。タイやミャンマーの陸軍よりも少ないのです。

それでなぜ日本がこれだけ強大な国々に囲まれて安心していられるかというと、それは日米安保体制があるからです。憲法第9条があるからではありません。「日本には憲法第9条があるから、それを尊重しましょう」と北朝鮮が言うわけがありません。

## 日米同盟か、武装中立か、非武装中立か

何年か前に某TV局で、視聴者にアンケート調査を行いました。「平和と安全を守るには何が一番大切か」の質問に対し、3つの選択肢から1つだけ選べというものでした。選択肢は日米同盟、自主防衛、外交努力。

結果は、想像通り、次のような結果です。日米同盟14％、自主防衛35％、外交努力51％。

それは「外交努力」が一番いいに決まっています。私だってこれを選びます。しかし、日本を守るという事は、外交努力が上手くいかなかった時にどうするかという話で、これを選択肢として並列するのはとてもおかしいことです。

私の考えるあるべき設問を示します。選択肢は3つしかありません。日米同盟か、武装中立か、非武装中立か。これしかないんです。

たしかにもう1つ、集団安全保障体制というのがありますが、これは前述の通り、このアジア地域のように体制も、考え方も、軍事力も違う中では、今のアジアではとても成立しない概念です。

私は、自分が教えている学生たちにこの選択肢をもって「皆、手を挙げてごらん」

**平和と安全を守るには何が一番大切か**

| TV局の質問 | 視聴者回答 | 岡本の質問 | 学生回答 |
|---|---|---|---|
| 1．日米同盟 | 14% | 日米同盟 | 97% |
| 2．自主防衛 | 35% | 武装中立 | 3% |
| 3．外交努力 | 51% | 非武装中立 | 0% |

OAI 岡本アソシエイツ

【Ⅱ - Ⅱ】テレビと筆者によるアンケートの回答比較

と言ったら、97％が日米同盟を選びました。非武装中立は0％でした（図Ⅱ - Ⅱ）。

私は、さっそくそのTV局に行き、話をしてきました。

「ミスリーディングというか、そもそも設問からして間違ったものを国民に提示して、外交が防衛よりも大事なんだという結論に安易にもっていかないでくれ」ということを伝えてきました。彼らは分かってくれたと思っています。

## 武装中立と非武装中立の違い

非武装中立とは何かというと、「日

本は一切軍隊を持ちません、どこかの国に侵略されたら降参しましょう、降参すれば命までは取られないじゃないですか」ということです。

つまり、奴隷状態になってもいい、産業が全部侵略国にとられてもいい、しかし命だけは助かるという考え方がその根底にあります。

２０１７年度の内閣府の調査では、日本の中で非武装中立を選択する人は２・９％、およそ90％はそれに反対です。90％の中には武装中立が良いという人もいます。

では、武装中立とはどういうことか。スイスが典型です。「スイスは平和の国だ」とよく言われますが、スイスは国民皆兵で徴兵制の国です。ハリネズミのように武装しています。

どこの国とも同盟関係を結んでいませんから「永世中立」ですが、武装という点ではスイスはものすごいことをしています。

スイスは、次のような趣旨が書かれたパンフレットを国民に配っています。「敵は意外なやり方で攻めてくる。だから我々は不意をうたれないようにしよう」と。そして国民皆兵の中で、全員が軍事訓練に行きます。「自分たちは周りの国を攻撃しないが、他の国は自分たちを攻撃してくるかもしれない」がために、スイスの武装中立があるのです。

日本の平和主義者は、「自分たちは絶対にどこの国も攻撃しない、だから他の国も攻撃してくることはないだろう」という考え方に立っています。これが武装中立と非武装中立の違いです。

スイスのように日本が武装中立をするには、少なくとも韓国並みの軍隊を持たなければなりません。62万人の兵隊、つまり今の自衛隊の兵員数を2倍以上にしなければなりません。

それから、周りの国の多くは核兵器をもっているわけですから、自分たちだけで守ろうとすれば、もちろん日本も核武装をする必要が出てきます。武装中立をすると、そういうことになるのです。そんなことができるわけはありませんし、やるべきではありません。

そうすると、どこかの国と一緒に国を守るという同盟の選択肢しか残っていない。では、どこと同盟するか。ロシア、韓国、中国ですか?

結局、日本にとっては、自由と民主主義を分かち合うアメリカしか相手がいません。アメリカが好きか嫌いかの話ではなく、他に選択肢がないのだと思います。

繰り返しますが、外交努力、対話が一番大事なことは言うまでもありません。ですが、それが上手くいかなくなった時、万一の時にどうやって国を守るかといえば、結局は、日本が自分で核武装をしない限り、日本が自衛隊の数を倍にしない限りは、この日米安保体制で行くより他はないというのが私の考えです。

皆さんの中には違う考えを持っている人もいるでしょう。みんなで考えてほしいと思います。

## 日米安保の基本は「抑止」

日米安保体制とは何かということをお話しします。

なぜひわかっていただきたいのは、防衛の基本は「抑止」であるということです。大切なことは、日本に米軍がいることによって、それ自体が抑止力になっているということです。

一番わかりやすいのは、第7艦隊です。原子力空母1隻を作るのに、いくらくらいするでしょうか。7000億円から8000億円くらいするでしょう。そこに艦載機を積めば、これで優に1兆円を超えます。

それから随伴艦が7隻か8隻、さらにアメリカの艦隊は下に原子力潜水艦が必ず潜って一緒に航行しますから、それらを全部合わせると、どれぐらいになるでしょうか。3兆円、いえもっとするかもしれませんね。

それだけの巨額の金を使った軍事的なアセットを日本の首都のすぐ隣に置いている。このことが、アメリカの日本防衛の意思として、強く周辺諸国に伝わっている、これが安保条約の本質です。

べつに、沖縄の海兵隊そのものが抑止力となっているわけではありません。「沖縄に海兵隊がいるから、中国が攻めてきても、それをやっつけてくれる、それこそが抑止力であり、だから海兵隊は沖縄から引けないんだ」という議論には私は賛成しません。日米当局がお互いに軍事的な情勢判断から、もう沖縄に海兵隊を置いておかなくてもよくなったという結論に至ったら、引いたとしても抑止力に穴は開きません。

ただ、混乱のうちに海兵隊が沖縄からの撤退を余儀なくされた、沖縄から海兵隊が追い出された、というパーセプション（認識）ができたら、これは抑止力に大きな穴が開くことになります。

日米安保というのは要するに、「日本にちょっかいを出したら、日米安保条約が必ず発動される」と、周辺諸国の指導者たちが思うかどうかなのです。優れて、彼らのパーセプションに懸かっているわけです。

「俺たちが日本に手を出せば、やり返される」と思っているうちは他国は手を出しませんが、日米関係がギスギスしていれば、「アメリカが何万人もの自分たちの兵隊の命を犠牲にしてまで日本を守ることはない」と彼らが計算違いして日本に攻撃してくる。そうなれば、日本はこの時点で大損害なわけです。後からアメリカが報復すると思いますが、それは日本がやられた後のことです。

つまり、繰り返しますが、日米安保で最重要なのは、アメリカが日本のために報復してくる、と周辺国が認識しているかどうかだと思います。そのために、政治、経済を含めた良好な日米関係の継続は必須である、というのが私の信念といいますか、それが安保体制の本質だと思っています。

周辺諸国に、「この安保体制は確実に発動されるんだ」という点に一片の疑義も与えない。その日米関係が日本を守る「抑止力」ということなのです。

## 安保条約はどういう内容なのか

安保条約はどういう内容なのかを知っておいてほしいと思います。わずか10ヵ条の簡単な条文なので、見てみてください。第5条をみてみましょう（図Ⅱ - Ⅲ）。「各締約国は」と書かれていますが、これは「日本とアメリカ」ということです。「日本国の施政の下にある領域」というのは、日本が実際に管轄、管理している所です。ですので、北方領土は入りません。北方領土は日本の施政権が及んでいないからです。竹

第5条

各締約国は、日本国の施政の下にある領域における、いずれか一方に対する武力攻撃が、自国の平和及び安全を危うくするものであることを認め、自国の憲法上の規定及び手続に従って共通の危険に対処するように行動することを宣言する。（以下略）

【II - III】日米安全保障条約第5条条文（前半）

島も及んでいません。しかし、尖閣諸島は日本の施政権が及んでいますから尖閣は入ります。条文の「……における、いずれか一方に対する武力攻撃」とありますが、「いずれか一方」とは米軍基地のことを言っています。そういう所への「武力攻撃が、自国の平和及び安全を危うくするものであることを認め、自国の憲法上の規定及び手続に従って共通の危険に対処するように行動する」とあります。これが、いわゆる共同行動であり、日本が武力攻撃を受けた場合には、「これはアメリカにとっての危険です、共通の危険だからアメリカも対応します」というのが安保条約第5条の中核的な部分です。

私は学生の頃は訳も分からず、「安保反対」の運動に参加したことがありました。その後、外務省の安保課長になったので、我ながら恥ずかしいです（笑）。


あらゆる面で日米が非常に友好・密接ということになっていれば、周辺諸国は安保条約の実効性について疑問を持たないでしょう。ところが、日米の政治関係でも経済関係でも非常に悪くなってくれば、彼らは、そこを計算違いする可能性があるということだと思います。

そのような意味では、今の日米関係は非常に良くなっていると思います。東日本大震災の時は米軍は約2万人の将兵を派遣してくれました。私も東北にたびたび行きましたが、彼らは非常によくやってくれました。

その結果、今、日米安保の支持率は日本の国内で約8割です。これは、「わからない」などというアンサーグループを除けば、民主国家ではほぼコンセンサスと言えます。

ほぼ全員が日米安保体制を信頼しているということだと思います。

## 敵基地攻撃能力は合憲

敵基地攻撃能力も、日本が持ちうる抑止力だと私は思っています。敵基地を破壊するところに意味があるのではなくて、たとえば、北朝鮮が日本に対して化学兵器や核兵器を積んだミサイルを発射する。破壊できるのはブーストフェイズ（上昇段階）だけです。ターミナルフェイズ（終末段階）ではもう、秒速20キロくらいで突っ込んでいきます。

基地からゆるゆるとあがっている時に破壊すると、中の化学兵器は、日本で爆発するのではなくて、北朝鮮の上空で爆発します。中の弾頭が核兵器であれば、もしかしたら北朝鮮の上空で炸裂《さくれつ》するかもしれず、北朝鮮にとっては大変な脅威です。そういった攻撃能力を日本が持つことが、非常に大きな抑止力になるという意味で、私は賛成です。

１９５６年の国会で、「現行憲法は、国民に座して死を待てとまで言っていない。敵基地攻撃能力は合憲である」という答弁がなされていて、その後60年間、どこの党もこの点についてチャレンジしてきていないわけですから、法的には整理がついた問題だと思います。

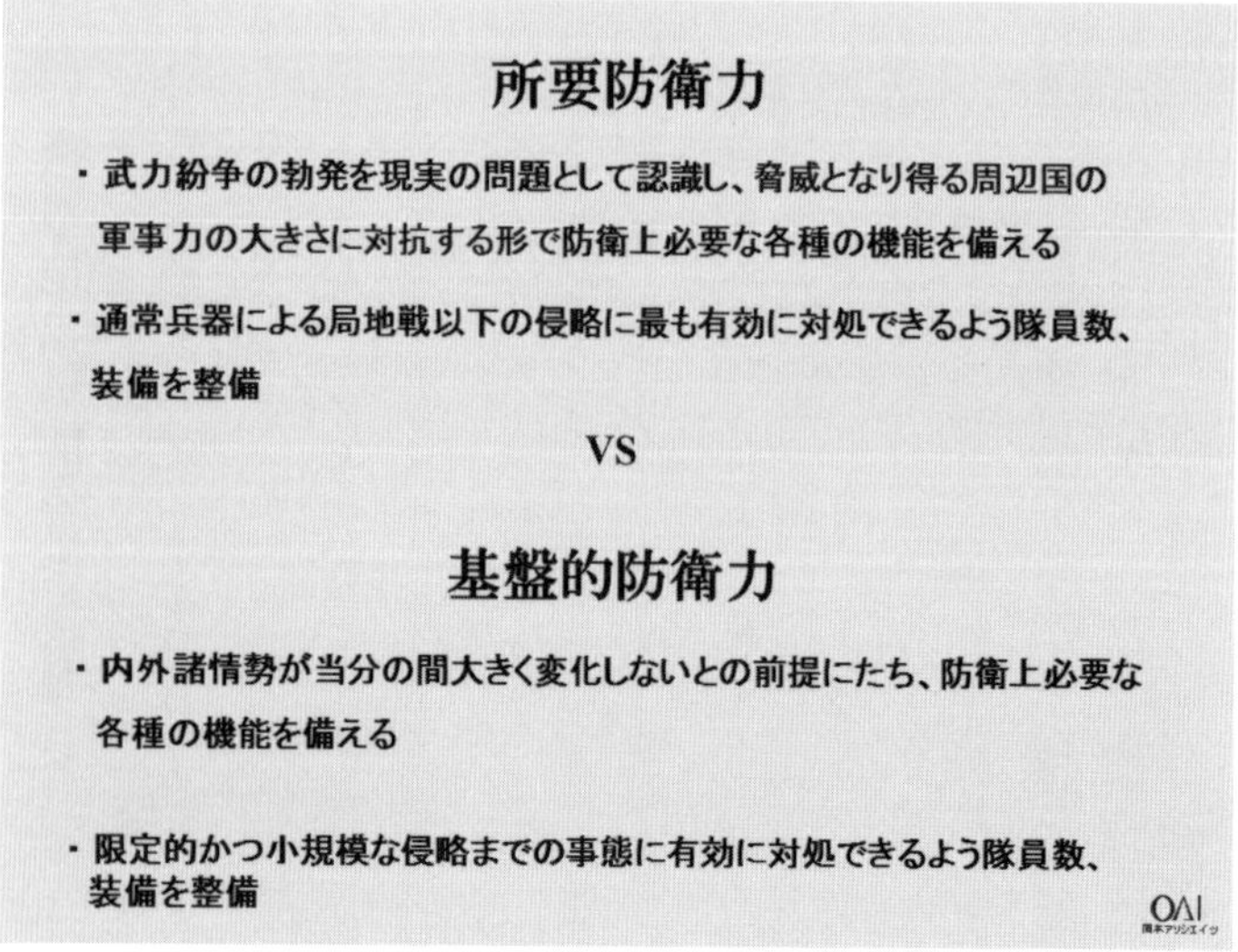
所要防衛力
・武力紛争の勃発を現実の問題として認識し、脅威となり得る周辺国の軍事力の大きさに対抗する形で防衛上必要な各種の機能を備える
・通常兵器による局地戦以下の侵略に最も有効に対処できるよう隊員数、装備を整備
VS
基盤的防衛力
・内外諸情勢が当分の間大きく変化しないとの前提にたち、防衛上必要な各種の機能を備える
・限定的かつ小規模な侵略までの事態に有効に対処できるよう隊員数、装備を整備
OAI
岡本アソシエイツ

【Ⅱ - Ⅳ】「所要防衛力」と「基盤的防衛力」の違い

あとは政治的な当否だけだと思います。それを何とか、早く整理をつけてもらいたいと思います。

## 日本の安全保障体制の課題

日本の安全保障の課題ですが、今日はまったく私の偏見に基づいて、自分の個人的意見を言っていますが、やはり根っこは次に述べることにあると思っています。

昔は、我々は「所要防衛力」という考え方をとっていました。所要防衛力とは、日本の周辺の脅威を分析して、それに対抗するためには、日本がどれくらいの防衛体制を持っていなければならないかを割り出し、日本の防衛力を作っていくというものでした。これは当たり前の考え方です。

ところが、日本は財政がとてもそれに追いつけなくなりました。ロシアと中国はどんどんと軍事費を伸ばして、そして装備の近代化に努めています。日本はとてもじゃないけれども、所要防衛力の考えではついていけなくなったということで、無理矢理に「基盤的防衛力」という考え方をもってきてしまったわけです。

これは、内外諸情勢が当分の間大きく変化しないとの前提に立ち、必要最小限の防衛力を整備するという考え方です（図II - IV）。

しかし、情勢は変化するに決まっているじゃないですか。それにもかかわらず、軍事的脅威から考えるのではなく、「日本の1億2000万人、国土37万平方キロメートル、たくさんの産業施設、これらを守るのに必要な防衛力を算出する。それを『基盤的防衛力』としましょう」というのが1976年にできた考え方です。これが、防衛費の歯止めの論理としてずっと続いてきたわけです。

では、日本にとって適切な基盤的防衛力というのはどのくらいかというと、当時のGNP（国民総生産）の1%ということでした。GNPの1%ということは、景気が良ければもっと軍事費を増やしてもいいし、景気が悪ければ軍事費を減らすということです。

要するに、日本の防衛力を、景気変動の関数にしてしまったわけです。

本来は、たとえ及ばないとしても、基本的な考え方を所要防衛力に戻さなければ、日本の現実的な防衛体制は十分つくれない、と私は思うんです。

苦し紛れにあとは「動的防衛力」などといろいろ考えていますが、要は国家予算の30％以上を社会保障費で取られて、しかも年々1兆円ずつこれが増大しているので、政策経費に向けられるのは、総予算の二十数％くらいでしょうか。

その中で防衛費も伸ばせるわけがないという、この財政を優先した結果の日本の自衛力の在り方に、今はなっているわけです。

その結果、ＧＤＰに対する軍事費の割合は、日本はなんと世界１２０位前後です。日米関係の一番のポイントは、数値化してアメリカが議論をしてきたら、日本は非常にまずいことになるということです。それは、防衛費であれ貿易の収支であれ、同じです。

ですから、日本は、お前のところは１２０番目じゃないかと言われる前に、積極的に、「いや、同盟を深化させるために、こういうことをやっていきましょう、長期的にこういうことを考えていきましょう」と自ら提案していくことが必要だと思います。

## アメリカ艦隊を自衛隊がエスコート

日本はこれまで大変苦労しながら、日米同盟を維持してきました。

9・11のとき、海外のアメリカの基地がテロリストたちの攻撃にさらされる、という情報が駆け巡りました。それで第7艦隊も急遽、硫黄島周辺に退避することになりました。ところが東京湾を南下していくのに、海上トラフィックが非常に混んでいるので、米軍が自衛隊にエスコートを頼んできました。

その時、自衛隊の中で検討されたのですが、自衛隊法上、米艦をエスコートして東京湾を行くのは、領海の中であっても法的根拠はないんです。そこで、当時の海幕の才覚で、防衛庁設置法の「調査・研究」という項目を援用したのです。

緊急時に米艦が慌てふためいて逃げていく、それを我々はきっちりと研究するのだと、ちょっとコミカルに言えばそういうことです。

米艦の退避行動を研究するために、防衛庁設置法の項目を引き、そして結局、海上自衛隊から2隻の護衛艦が第7艦隊の前と後ろについて、東京湾を南下して行きました。これに対して、政治サイド、官邸からは大目玉が来ました。

ところが、この映像が繰り返しアメリカのテレビで放映され、アメリカ国民の中で、

【Ⅱ - Ⅴ】自衛隊の護衛艦と東京湾を南下するアメリカの艦船（2001年、時事）

大きな感動を呼んだのです。世界中でアメリカが狙われるかもしれないというときに、同盟国日本がちゃんとバトルシップを出して警護してくれている。これはもう、最高の絵だったのです。

上の写真（図Ⅱ - Ⅴ）がその時のものです。

そういう先達たち、先輩たちの知恵で、何とか日米同盟は運営されてきました。

ようやく今度、安保法制を変えることによって、正々堂々とエスコートすることができるようになったわけです。

【Ⅱ‐Ⅵ】自衛隊による各国艦船へのオペレーション（アフガン戦争時、海上自衛隊HPより）

## 「超安全」でも感謝

上の写真（図Ⅱ‐Ⅵ）はインド洋でのオペレーションです。安保法制ができる前から、こういうことができたわけです。

私が考えるに、これはアフガニスタンへのテロリストの遮断作戦の一環として行われたわけですが、他の国々はどういうことをやっていたでしょうか。

図Ⅱ‐Ⅶは、危険度1〜5までを分けて、当時、私が作った表です。

日本は、「超安全」なところをやったわけです。それでも日本は感謝されたのです。

**アフガニスタンへの関与(危険度による分類)**

| | | | |
|---|---|---|---|
| 超危険 | 1 | 「不朽の自由」作戦(OEF) | 20カ国 |
| 危険 | 2 | 国際治安支援部隊(ISAF) | 50カ国 |
| 危険性あり | 3 | 地方復興チーム(PRT) | 27カ国 |
| 安全 | 4 | インド洋海上阻止活動(MIO) | 8カ国 |
| 超安全 | 5 | 洋上給油活動 | (日本) |

【Ⅱ - Ⅶ】アフガンでの活動の危険分類

ところが政権が変わり、「これは憲法違反だ」となりました。これが憲法違反であるはずがありませんが、自衛隊は撤退することになりました。非常に残念なことでした。

「高鈴《たかすず》」という30万トンの日本のタンカーがあります。この高鈴は、ペルシャ湾の一番奥のバスラで原油を積み込んでいました。２００４年のことです。

満杯まで積み込んだところへ、テロリストのボートが突っ込んできました。高鈴がそこで爆発炎上すれば、これは史上最大級の海難惨事となります。

ところが、それを阻止したのが、

アメリカの軍人3人でした。海軍2人と沿岸警備隊員1人。3人とも爆風にあおられて亡くなりました。3人とも、本国にとてもかわいい子供たちを残しての死亡でした。我々はこうやって他の国に守られているのです。私は、安保法制に賛成意見を述べるために予算委員会に呼ばれたときも（2015年）、このエピソードを話しました。

そして野党の方を向いて言いました。

「みなさん、安保法制がなければ、めでたしめでたしなのですか。今まで日本の安全は、誰かが守ってきたから達成されてきたのですよ。いつまで日本だけが何もしない、何もできない、という体制を続けるのですか」

何もこの高鈴を守るのが、本来は海上自衛隊であるべきだったと言っているわけではありません。それは無理でしょう。しかし、「みんなで守り合う、日本はアメリカの商船なり軍艦を他の所で守る、アメリカはこういう危ないところで日本を守る。さらに他の国とも協力していく。そういう体制にすべきではないでしょうか」というのが、私が言いたかったポイントでした。

野党の人たちもみんな「その通りだ、その通りだ」と言うけれども、党としては最初から安保法制に反対していました。

## 130億ドルを出す必要はあったのか

先に述べましたように、テロと戦う各国の艦隊に原油を補給するため、インド洋に派遣していた自衛隊の補給艦を撤退させた結果、何が起こったか。それだけでは国際社会は許してくれませんから、アフガニスタンの警察官の給料半分、5000億円を日本は出すことになりました。

有名な湾岸戦争の時には、日本は何にもやらなかった代わりに金で済ませました。それが130億ドル、つまり当時のレートで換算すると1兆7000億円です。こういった面の議論は、日本では全然なされません。

要するに、インド洋から自衛艦隊を引き揚げて、「これで日本は何らやましいことはない、憲法に触れることは一切していない」と、その代わりにお金を出してきました。その論理は間違っているけれども、そのことは誰も議論しません。

湾岸戦争の時も、日本が護衛艦とは言いませんが、せめて掃海艇を、戦闘がまだ行われている時に危なくない地域へ派遣していれば、さらに、もっと前の段階で、アメリカから要請された輸送機、輸送船をペルシャ湾に派遣していれば、130億ドルなんて出す必要は全然なかったのです。

日本はどうも、そういうところでバランスを取った議論をしていないと思います。

## 世界の公共財の負担

次に日本がしなければいけないことは、世界の公共財の負担です。

日本は防衛体制に憲法第9条という制限があるため、どうしても国際公共財を負担していかなければ、世界への日本の貢献は無くなってしまいます。

難民にしても、申請者が急増しているにもかかわらず、受入れ人数は一向に伸びていません。2桁《けた》にずっと留まっています。世界中が何千人、何万人と受け入れている時に、この日本の状況は、世界中に知られれば大きな批判を受けることになります。

日本政府のODA（政府開発援助）予算は、ピークだった1997年から今は半減してしまっています。かつては、「日本は援助大国だ。我々は、軍隊は出せないが、お金を出しているんだ」と主張できましたが、今はそうではなくなってしまいました。

最近、私はアフリカによく行きます。先日もナイジェリアとガーナに行ってきました。初めてスラムと呼ばれるところに足を踏み入れましたが、本当に悲惨でした。そこにはたくさんの子供たちが暮らしている。下水道の臭い匂いが充満している。

日本人のＪＩＣＡ（国際協力機構）の専門家2人が、この中で働いているんです。

私は改めて、女性のすごさを知りました。働いていた2人の日本人は女性で、1人は青年海外協力隊で、もう1人は開発コンサルタント。毎日このスラムに入って、生活環境などをモニターしているのです。

彼女の家にはサソリが出ると言っていました。それでも彼女らは臆することなく、現地の人のために使命感をもって働いています。涙が出そうでした。

ただその支援も経費がないので打ち切らなければならないんです。全体の数をもう少し増やしてもらいたいのは切なる思いです。

こういった世界の貧困問題、あるいは難民問題に日本は向き合っているでしょうか。現実は向き合ってきていない、と私は思います。

## アジア諸国との和解

皆さんにどうしても言っておきたいことがあります。それはアジア諸国との和解です。

中国で大規模な反日デモが起こったりするのを、君たちもテレビで見たことがあると思います。もちろん暴動などは良くない。しかし、歴史問題において、日本側には本当に何も非はないのだろうか。

私は某有名国立大学でも教えていますが、100名を超えるクラスで、「君たちの中で昭和の戦争について学んだことがある人は？」と尋ねたら、驚くことに上がった手は17本だけでした。日本の学校では、日本がやった戦争についてきちっと教えていないのです。

対照的に、ドイツは徹底的に戦争への反省をしました。謝罪はその時、胸によぎる感情。反省は心ですまなかったではなく、次に繰り返さない為の制度化です。制度化の典型的な物は「教育」です。子供たちに何を教えるかが反省の尺度になります。

ドイツとフランスは共同で作った近現代史の教科書があります。戦勝国フランスと敗戦国ドイツが同じテキストの歴史の教科書を作った。すごいことだと思うでしょう。立場は全く異なるのに同じ文章で子供たちに教えている。

それはフランスの寛大さによるところも、ひとつあります。ドイツは、ナチスの犯罪者を地の果てまでも追いかけて裁く、ということを行ってきました。有名なドイツ刑法86条、130条では、ヒトラーやナチスを礼讃、讃美する言動をした者は3年以下の懲役もしくは罰金、または3ヵ月以上5年以下の懲役が科されます。そうして自らを非常に厳しく律しています。

ドイツは、世界の中でも日本のことが嫌いなことで有名ですが、彼らの意識の中には、第2次大戦でナチスと組んで侵略戦争をした日本が嫌い、という深層心理があるのでしょう。

そして、我々は反省しているのに、日本は反省していないじゃないか、という思いがドイツにはある。

## 一貫して加害者

たしかに、日本では子供に教育として戦争のことをしっかり教えていないし、国会では戦犯の赦免《しゃめん》決議を数度にわたっておこなったりもしているのです。

われわれは、戦争は太平洋戦争の真珠湾攻撃からで、1941年に起こったと思っています。日本は間違った戦いをした。加害者で始まったが最後はこてんぱんにやられて被害者で終わった。最後には、日本領土である硫黄島、沖縄で非情な犠牲を被り、日本の70市町村が焼け野原になり、280万人の兵隊と80万人の国民が殺されて、原爆2つが投下された。

戦後1ヵ月もたたないうちに、東久邇宮稔彦王《ひがしくにのみやなるひこ》首相は、アメリカ国民に対するメッセージを発するわけです。「アメリカ国民の皆さん、真珠湾のことは忘れてください。我々は原爆を忘れます」と。日本は悪いことを始めたが、その罰は十分にすべて受けた。だから、「すべて忘れて前へ向かって進みましょう」というのが日本の姿勢です。非常に安易な総括によって、悪かったのは戦争という事象それ自体であって、すべてを過去のこととして、我々は平和主義の道を進むんだという整理をつけた。

私は、それは間違いだと思います。日本の戦争責任も究明しないで、極東裁判にゆだねておきながら、その極東裁判は「戦勝国が行ったから中身に妥当性がない」と一部の人は言っているわけでしょう。百歩譲って総括は正しいとしても、中国との間ではそうはいかない。

忘れてはいけないのは、中国との間では、一貫して日本は加害者としてあり続けたということです。中国の人にとって、満州事変が始まった9月18日は、国恥記念日として今も「記憶」され続けています。

満州事変の前には、中国の柳条湖付近で関東軍の謀略により紛争が勃発《ぼっぱつ》しました。関東軍は鉄道を爆破し、これを中国側の仕業とした。これは酷《ひど》い事件で、しかも、日本人が乗っていました。

その後、中国大陸への日本軍の侵略が本格化し、日本は１９４１年にアメリカとの間で戦争を始めますが、それまでの間も、中国大陸では侵略行為を続けていたのです。

こうしたことが中国の反日デモの根底にあることを我々は知らない。そのことを多くの日本人がきちんと理解していないと思います。

## なぜ韓国は怨念をもつのか

それから韓国との関係です。

私はいま韓国が日本に言ってきていること（徴用工問題や慰安婦問題など）はひどいと思っています。戦後については、日中関係でも日韓関係でも、日本の方が99％正しいと思っています。

しかし、韓国との関係も、歴史問題としては、我々はきちっと認識していないところがあると思います。

1910年の日韓併合で、韓国人はみんな日本人になったわけです。それゆえ、戦争中は、日本人は中国に対するほどのひどいことを韓国にはしていないのです。

だから我々は、日本に対してあれだけ怨念《おんねん》を持つ韓国の心情を理解しようとしないのだけれども、ある意味では、戦争で暴虐を行った中国戦線よりも、朝鮮に対して日本がやったことの方が罪深いとすら言えると思います。

民族のアイデンティティーを完全になくしてしまったわけです。名前、言語、宗教も取り上げ、日本のようにやれとして、二流の日本市民を作り出す皇民化政策をおこないました。韓国にはそのことに対する深い恨みがある。我々はそこを理解しなければいけない。今からどうすることもできませんが、彼らの怒りの源泉を理解しなければならないと思います。

中国人、韓国人の胸の中には非常に重くあることを我々が直視しない限り、私は、和解は成立しないと思っています。これが日本の最大の外交課題です。

## 昭和は「魔法の森」

私は、近現代史というものを独立科目として、しかも必修科目として高校生たちに教える、ということが絶対に必要だと思っています。皆さんにもしっかりと勉強しておいてほしいと思います。

作家の司馬遼太郎さんは「昭和（元年~20年）というものは魔法の森であった」と書いています。「魔法の森」というのはいい意味でも、マジカルな意味でもない。英語で言えばdemonishとでもいうのでしょうか、「悪魔の森」であったということです。

私たちの世代で韓国、中国と和解することには失敗しました。それは皆さんの世代でやってもらいたいと思っていたのだけれども、私たちの世代が十分な事をしなかったので、それがさらに長くなってしまう。もちろん、いくつかのいい兆候はあるんです。だから、絶望することはない。

しかし、基本には「歴史認識の問題」があるということは、これから皆さんが国際人として生きていくうえでの、常識として考えてほしいんです。

# Ⅲ・個人の国際化

## 国際人に必要な資質

われわれは個人としての国際化を意識しなければいけないと思います。国として普通の意識をもつ、アジア諸国との和解を達成するということは国際化のために絶対必要ですが、個人個人の国際化ということも問われていると思います。

今後、世界はどのような社会になっていくのでしょうか。

アメリカに、中・長期的予測を４年毎に大統領に報告する諮問機関、ＮＩＣ（National Intelligence Council、国家情報会議）があります。そのＮＩＣは、近未来の世界を２０１７年の報告書で次のように記しています。

・すべてのことが前例のない早さで加速し、安定的統治や協調を困難にする。
・多くの国家、組織、個人を功利主義に走らせる。
・戦後の国際秩序を生んだルールは消え、ロシアや中国など一部の大国や膨張主義国家は、力を用いた利益を主張するようになる。

私は、これがこれからの世界なのだろうと思います。

こういう社会の中で生きていくために、我々にとって何が必要なのでしょうか。

１９９５年には日本のＧＤＰ（国内総生産）は、世界のＧＤＰの17％強、世界の約２割を占めていたわけです。しかし、だんだんとその比率は下がり、いまや６％です。今後、さらに相対的に落ちていくでしょう。

それが何を意味するか。日本にとって95％以上のビジネスオポチュニティー（機会）は世界にあるということです。我々はそことインターフェイスをとれる個人になっていかなければいけない。会社のためにも、ひとりひとりが国際派のビジネスマンになっていくことが大事だと思うんです。

長いこと外交の分野にいたせいもあるかもしれませんが、私はいろんな場所でいろんな日本人と会う機会に恵まれてきました。そこで感じたのは、日本人には得意、不得意があり、必ずしも国際人になりきってないなということです。そう思うことを、ずい分いろんなところで見てきました。その経験に基づいて、少し話をしてみます。

## 一番重要なのは「他人への優しさ」

まず、日本人に足りないのは他人への優しさです。これは、国際人として、実は一番大事な資質だと私は思います。なぜ、他人への優しさが必要か。

我々日本人は、限られたコミュニティでは互いに親切です。背中をかきあう、以心伝心、阿吽《あうん》の呼吸。この日本のコミュニティ、家族、会社、一定の地域内ではお互いに思いやりを示して親切なんです。しかし、日本人がシャイであることもあると思うんですが、自分のグループを超えた外側に、善意、優しさを示すことが、不得意な民族だと思います。

自分のグループ、コミュニティの外へリーチアウトするというのは、見知らぬ世界とうまくやっていくことです。これが国際化の要諦《ようてい》だと思います。

いかに、自分の周りの人たちに、知らない人たちに親切にできるか。これが国際人になるための基本的な資質だと思っています。

私はいろいろな会合、講演等で尋ねてみます。

「この1ヵ月くらいの間に、見知らぬ他人から何か親切を受けたことがありますか？」

それに対して、ほとんど手はあがりません。我々は身内にはとても温かいし、優しい。なのに、見知らぬ他人には親切ではない。

たとえば、満員電車で網棚から大きな荷物を取ろうとしている女性に、周りにいる男性が「おろしてあげましょう」と取ってあげる。飛行場の荷物の回転台で、老人が荷物を取ろうとしている時に、若者が走り寄って「取りましょう」と言ってあげているか。あるいは、盲人が白い杖《つえ》をついて横断歩道を渡ろうとしている時に、「お手伝いしましょうか」「ご案内しましょうか」と声をかけて腕を取っているか。

そんな情景をほとんど見かけません。それを、ぜひ、皆さんにはお願いしたいんです。それが基本なんです。

外国へ行けば、特に欧米社会では、我々のことをみな見ています。日本人がきちんとこういうことをできるかどうかです。

## セクハラ、人種差別にも無知な人間に

日本は他の国に比べて、外形的な所は気を遣うわけです。言葉として「『盲人』と呼んではダメ、『視覚障害者』と呼びなさい」。その後には、「『視覚障害者』もダメです。『目のご不自由な方々』と言ってください」と言葉だけは語るけれども、では、実際に子供たちに、目の不自由な人たちと会った時に、手を差し伸べるということ、どのようにお手伝いができるかといったことを、学校で教育しているかと言えば、していません。

日本社会は見知らぬ人たちにリーチアウトしていない。ポイントは、知らない人に対して、優しさをエクステンド（差し伸べる）できるかどうかです。「他人への優しさ」がなければ、我々は、セクハラ、人種差別にも無知な人間となってしまいます。

フェアネス（fairness、公正さ）という言葉を欧米では非常に大切にします。他人の不快感と痛みへのセンシティビティが、つまり敏感さが、大切であると考えられています。他人への不快感や痛みを我々が知らなければいけません。しかも、自動的に知らなければならない。

己所不欲勿施於人――己の欲せざるところ人に施すなかれ――ということです。

## 「ダッコちゃん人形」と「ちびくろ・さんぼ」

かつて、「ダッコちゃん人形」や「ちびくろ・さんぼ」が人種差別に当たると問題になったとき、こんなかわいいものがなぜ人種差別なのですか、と思ったでしょう。これは、私だってかわいいなとは思いますが、しかし、差別される側の黒人、アフリカ系アメリカ人は、もっともっとひどい形で、黒人の身体的な特徴を誇張され、デフォルメされてきており、歴史的に大変に不快な思いをしてきています。だから、「もうこういうものはすべてやめましょう」というルールになったんです。我々は弱者の側に立って、彼らの価値判断に立って動かなければいけないということです。差別されている側の黒人が「嫌だ」と言えば、自分たちは止めなければいけないのが世界のルールです。かわいいダッコちゃんには何の罪もない、と言ってもダメなんです。

国際社会で一番大事なことは、常に、反射的に、相手、特に弱い相手の立場に身を置くこと。私はこれだと思います。「反射的に」。ここが大事なんです。

ぱっと人と会った、そして話をする。その途端に、ビジネスでも、この人はどういう気持ちでいるか、相手が、自分の言ったことに対してどういう思いで聞いているか。

言いたいことを言うな、
相手の胸に残したいことを言え。
【Ⅲ - Ⅰ】筆者が考える部下を叱る心得

特に自分より弱い立場の人に対しては、それを我々はやらなければいけません。

## 声を荒げてはいけない

これは、上司が部下の失敗をただす場合がいい例になるでしょう。

部下に声を荒げてはいけません。荒げても何の目的も達しないのです。自分の怒りをぶつけるだけ、怒りをアクセンチュエイトする（accentuate、強調する）だけです。相手に「俺は怒っているぞ」と強調して怒りを伝える意味しかありません。相手の反発を買うだけです。「言いたいことを言うな、相手の胸に残したいことを言え」（図III - I）ということです。

少なくとも相手はディフェンシブになって、こちらの言うことを真摯《しんし》に受け止めることはできなくなります。相手の胸に残したいこと、相手が「反省して、悪かったなぁ」と自分で思うような優しい言い方で、注意するということです。

たとえば、「怒りたい」ことがあったとします。しかし、自分の鬱憤《うっぷん》を晴らすために、「馬鹿野郎！」と怒鳴るのは最低です。何のために怒るのかと言えば、相手が再びその間違いを犯さないように、自分の怒りを相手が受け止めるようにするためです。では、どういう言葉で彼の胸の中に残しておくか。怒りをぶちまけるなんていうのは、一瞬の快楽、いや快楽ですらありません。

それよりは、どういうことを相手の胸の中に残すかです。当然、言い方も優しくした方がいいでしょう。その相手の弱いところを突くなんてことは、絶対にしてはいけないことです。

相手の立場を配慮しながら言う。反射的に、怒られている側の人間の立場に身を置くということです。

繰り返しになりますが、国際人になる人というのは、「常に、反射的に、相手、特に弱い相手の立場に、自分の身を置くこと」です。自分が話している相手、今この人はどういう思いで聞いているのか、ということです。これを常に、常に、考えながらいかなければならないと思います。

## 常に、反射的に、相手の立場に身を置く人たち

私は、相手に対する優しさ、常に、反射的に、相手の立場に、自分の身に置く人たちに何人も会ってきています。


【エピソード――ズボン無しの宴会】

一部上場企業の名社長だった人との印象深いエピソードがあります。

この社長は、まだ若かった私を飯に誘ってくれたことがあります。彼と会うのは2回目で、その日はバケツの水をひっくり返したような猛烈な豪雨で、もちろん傘をさしていましたが、私はずぶ濡れで行きました。

彼は大企業の社長さんですから社有車で移動するので濡れることはありません。ずぶ濡れで現れた私を見てびっくりされ、「岡本さん、ずぶ濡れじゃないかぁ。早く上着を脱ぎなさい」と言われました。それで、私は上着を脱ぎました。

「シャツも脱ぎなさい」と言われ、ちょっと恥ずかしいけどシャツも脱ぎました。

「ズボンも脱ぎなさい」と言われましたが、さすがにズボンを脱ぐことをためらっていると、なんと彼は立ち上がって、「岡本さん、今日はズボン無しの宴会にしましょう」と、大会社の社長さんが、濡れてもいないズボンをさっさと脱いで、私のような若者の前でパンツ姿になったんです。

それから、2人で腰にタオルを巻いての食事となりました。私の服は、食事の間に、仲居さんがアイロンをかけてくれ、帰る時にはすっかり乾いていました。

瞬間的に相手の立場に自分を置く。こういう人は滅多にいません。私も自分でここまでできるかどうかは自信がありませんが、世の中にはそういう方がいるんです。

相手の立場に瞬時に身を置いて、「この若者は自分の前でズボンなど脱げないだろうな。じゃあ俺が脱いでやろう」と。普通の人であれば思いもつかないこと。この人はそういう人柄だから、外国の大企業の中でも非常に評価が高かった。名経営者でした。

彼の責任ではないある事案のために辞職されましたが、その引き際も非常に見事でした。極端な例かもしれませんが、非常に温かいヒューマニズムが根付いている方でした。

すぐに真似のできるエピソードではないとはいえ、この考え方のエッセンスを、ぜひ我々は頭の中に入れておきたいと思います。

【エピソード――イラク駐留第101空挺師団　ヘルミック准将】

私は小泉純一郎首相の首相補佐官として官邸でイラク復興を手伝っている時、後に殺害された奥克彦とイラク中をまわりました。そのうちの一つがモスル、バグダッドの北、イラク第2の都市です。

かつては人口180万人、チグリス川が流れ非常に美しい町でしたが、IS（イスラム国）との激戦の舞台となり、今や町中が見る影もなくすっかり荒廃し、廃墟となってしまいました。心が痛みます。

当時は、アメリカの第101空挺師団が北部イラク治安安定のために、モスルを本拠地に駐留していました。第101空挺師団は攻撃型のヘリを220機所有し、落下傘部隊で敵陣に降下する部隊で、敵に占領されていた住民の宣撫《せんぶ》工作を行っていました。

第101空挺師団は善政をもって知られた部隊でした。彼らが統治していた地域では住民感情も非常にうまく癒《いや》され、安定していました。米軍と一緒に町を移動すると、子供たちは笑顔で追いかけてくるし、大人は家から出て手を振る。これは本当に平和が来たなぁと一時的に錯覚するくらい、彼らはいい統治をしていました。

この兵隊2万2000人の空挺師団の副司令官・准将（deputy）がヘルミックでした。ヘルミック准将とは親友になり、今でも親しくつきあっています。

ヘルミックはいつもヘリコプターの扉を開け放して移動します。あるとき、彼の席の反対側に、私と奥克彦が乗せてもらいました。その間中、膝の上に手を置いて、一生懸命、下にいる住民に向って手を振っているのです。

何をしているのかと尋ねると、「イラクの人たちに感謝しているんだ。彼らの身になれば、いきなり米軍が来て、自分たちの大統領を倒したのに、今は我々の統治に従っているのだから、それに対して心から感謝しているんだ」と。

私が、「そうは言っても下からは見えないじゃないか」と首を傾《かし》げると、「いや、自分の気持ちは必ず彼らに通じるはずだ」と言っていました。大変に立派な指揮官でした。

ある日、ヘルミックが「銀行がようやく再開したから、観に行こう」と我々を案内してくれました。ちなみにそこは、ISが最初にモスルで襲った銀行で、ISはここにあった500億円を全額盗み出し、それがISの軍資金になったというういわくつきの銀行です。しかしもちろん、このときはそんなことはありません。

銀行に入ると、ある一人の婦人がヘルミックに走り寄り、彼に抱きつかんばかりに挨拶《あいさつ》をするんです。わけを尋ねると、彼は恥ずかしそうな顔をして、こういう話をしてくれました。

「自分の部下が武器の捜索のため民家に入ったとき、彼女の家にも行った。その際に彼女が言うには、部下が彼女の虎の子の100ドル札を盗んだ、と。彼女は捜索の翌日に『あの100ドル札を返してくれ』と師団本部に乗り込んできた。

それに対応した部下たちは、『何の証拠があってそんなことを言うのか、我々はそんなことをするはずがない』として騒ぎになった。

そこに、たまたま自分が通りかかり『なんの騒ぎだ?』と事情を聞くと、部下たちから説明があった。それを聞いて自分は、『直ぐに100ドル札をこのご婦人に渡しなさい』と命令した」

部下たちは「将軍、そんなこと言っても何の証拠も根拠もありません」と反論してきたところを、彼は次のように部下たちへ伝えたというのです。

「いいか、判断を間違える時は、必ず立場の弱い人の側に立って間違えろ」

私はこの話を聞いて感動しました。常に自分より弱い者の側に身を置いて判断する。それは国際人としての鉄則です。こういうものが、国際社会では尊敬される、受け入れられる人たちの行動です。

どうしてそういうことが国際化に必要かというと、私もいろんな場面を見てきていますが、海外の人はみんなそういう場面を見ています。この人はどういう人か、英語で「size up」と言いますが、相手の人間を計るという意味です。

この人はどういう人か、size up する。小さな言動、行動の端々《はしばし》に現れてしまうんです。日本人はどうしても、こういうことを身につけないといけないと思っています。常に人に優しくすることが国際人の要諦と言うと驚くと思います。ただ私は、長年の経験から言って、そう信じています。

自らの挙措《きょそ》にそれがにじみ出てきて、外に伝わります。そうすると、国際社会に受け入れられる、尊敬されるということになります。

compassion、温かさは非常に大事です。

## インクルーシブであること、多様性の包摂

グローバリゼーションがもたらしているものには、繁栄と負の側面があります。この中で確実に言える世界の特徴は、多様性（ダイバーシティ）が一番大事な概念に

なってきているということです。

大事なことは、常に「インクルーシブ（inclusive）」な立場で人に接するということです。

インクルーシブとは何か。エクスクルーシブ（exclusive）という言葉はよく聞きます。「排他的な、排除する」という意味です。その反対語は英語ではありますが、日本語の「排除する」の反対語、「包摂する」という言葉はあまり使いません。エクスクルーシブが外へ排除することなのに対し、インクルーシブは、なんでも受け入れる、腕を広げてこちらに取り込むことを言うわけです。

この「インクルーシブ」が世界の特徴になっていますが、日本が得意ではない部分です。インクルーシブになれるかどうかが、国際人としての第2の資質だと思っています。

アメリカのような多民族社会、価値の多様化した社会は、インクルーシブでないと実現しません。国際社会とつき合うためには非常に大事です。

アメリカの一番の特徴は、インクルーシブな国家だということです。いろいろな信条の人、宗教の人、民族の人、異なるバックグラウンドの人たちを、インクルーシブに受け入れる。

インクルーシブに受け入れるということは、いろんなエレメントが融合しないままいるということですから、それを融合しなければいけない。そのためには、共通のプラットフォームを作らなければならない。そこで、いろいろ苦労をして新しい価値を生みだすことができる。

アメリカは、公民権獲得までの凄惨な歴史、女性の権利確保の歴史があった上でのことですが、ついには黒人の大統領を誕生させるまでになりました。何でも懐《ふところ》に入れるということが非常に大事で、これがアメリカの強みになっているわけです。

## 多様性がなぜ大事か

日本人がそういう真似ができるか。たとえば、日本で在日韓国人を日本の首相に選出するか。難しいでしょう。

日本が肩で風を切って歩いていた80年代には、「日本は異端者がいない社会、それがいいんだ」とよく政治家の人たちは言っていましたが、それは間違いだった。世界の力は、異なった人たちを一緒にして、新しいプラットフォームを作って積み立てていくということになりました。

日本はものづくり国家であったときは、homogeneous（均質）な単一民族、単一志向、同質性をもった人々だけでよかったわけです。一糸《いっし》乱れぬ行動で物を作っていく。でも、今のようなものづくりプラスソフト、サービスの経済になってくると、皆が同質の人たちではダメになってしまいます。

色々な違ったエレメントを一つにまとめていくプロセス、その中から強さというものが生まれてくるのです。そのためには、異なった良さのものを包摂しなければいけないのです。

「群れるな」ということ。多様性を受け入れて初めて、次の世界が見えてくるということです。

この多様性がなぜ大事かというと、いろんな人たちが集まって物事を進めているときには、いろんな考え方の人たちがいるから、議論してそしてプラットフォーム、スタンダードを作ることが必要になります。これが非常に大事なのです。

日本は同質性の高い民族ですから、以心伝心、阿吽の呼吸で、プラットフォームを作る必要がない。しかし、新しい技術が生まれるのは、このプラットフォーム、異文化とのぶつかり合いの中からなのです。

【エピソード——張富士夫《ちょうふじお》トヨタ自動車相談役】

これを私に最初に教えてくれたのはトヨタ自動車の張富士夫さん（現・相談役）です。

今も忘れられないのは、1985年頃だったでしょうか、私が最初に張さんに会ったときのことです。彼はケンタッキーの工場長で、私は張さんに浅はかなことを言いました。

「張さん、大変でしょう。ここではいろんな人種の人がいるし、マイノリティがいるし、考え方はバラバラだし、違う背景の人たちを一つにまとめて均質の商品を作っていくのは、難しいでしょうね」

その時、張さんは、こう言うんです。

「いや、岡本さん、それは違うんだ。日本は、工員さんがみんな優秀、そして平均的な頭の良さを持っている。だから、何か生産プロセスで問題が生じても、皆で議論してその場で解決しちゃって、問題が顕在化《けんざいか》しない。同じテクノロジーの水準に留まっている時はそれでいいけれども、もう一段階上に工場の生産技術が行かなきゃいけない時には、それではダメなんだ。

ところがここではそうじゃない。何か不具合が生じたら生産ラインは止まってしまう。生産ラインが止まったら、我々は徹底的に議論して、マニュアルを書き換える。

つまり新しいプラットフォームを作るんです。新しい技術というのはその上にしか積み上げられません」

この言葉を聞いて、私は、なるほどと思いました。


【エピソード——チリの崩落事故】

ダイバーシティが必要なエピソードです。２０１０年8月にチリのサンホセ鉱山で坑道の崩落事故が起き、地下約７００メートルの坑道に33名の坑夫が閉じ込められました。

私はチリの鉱山に、いくつか行ったことがあります。チリは途上国ではなく、ドイツ系の移民が作った先進国です。鉱山系の技術は世界のトップレベルです。にもかかわらず、セバスティアン・ピニェラ大統領は世界中にＳＯＳを発信しました。

それに応じて、南アフリカ、カナダ、アメリカなどから、最新の資機材を持った専門家たちがサンティアゴに結集しました。そして、３つの国際チームを作って、皆が競い合うように約７００メートル下の坑道に降りていき、一番最初に到達したのがチリ・アメリカの合同チームでした。33名の坑夫全員を2ヵ月ぶりに救出した奇跡の救出劇、感動物語です。

そこではＮＡＳＡの技術も使われ、日本のＮＴＴの技術も使われました。世界中がカッティングエッジ（最新鋭）の技術を持ち、考え方は違っても、それを一つにまとめたプラットフォームを作れば、１人ではできないことを達成できることが、初めてこの時に示されたわけです。

18年7月にタイの13人の子供たちが、洞窟から救出されたのも同じです。タイの陸軍が前面に立っていましたが、実際はイギリス人、アメリカ人、オーストラリア人ら世界中のエキスパートたちが、ほとんどボランティアで集まって彼らを救出しました。

それに引き換え残念なのは、日本では福島第一原発の事故の際、ヒラリー・クリントン国務長官を通じてアメリカから最新の冷却資機材や人材を提供するというオファーがあったにもかかわらず、日本はそれを断ってしまったことです。「我々だけで対応できます」ということだったらしいですが、どうしてそんなことを断るのかと後から政府関係者に聞いたところ、「アメリカを入れれば技術が盗まれてしまう」というのが理由でした。

アメリカが何の技術を盗むというのでしょうか。爆発したうちの1号機はゼネラル・エレクトリック（ＧＥ）社製の１９７１年のほとんどプロトタイプに近い原子炉です。日本の閉鎖性がやはり、原発事故への対応に遅れをもたらしたのではないかと今でも思っています。

日本はこのようにエクスクルーシブなんです。結局、いろんな新しいエレメントを包摂している所に負けてしまう。今は、世界中のカッティングエッジの人たちが集まって物事を成すというのが世界の常識です。世界最先端の専門知識とタレント（才能）とテクノロジーが合わさったところで、新しい水平線が開かれてくるということでしょう。

【エピソード――ラグビーワールドカップ】

２０１９年のラグビーワールドカップを何試合か観戦に行きました。

私は大変に嬉しい。何が嬉しいかというと、このラグビー日本代表31人のうち15名が外国生まれの人たちであることです。その15人のうち８人が日本に帰化しています。また残り7名は日本に3年以上住んでいる人たちです。この人たちが日本をここまで熱狂させてくれたのです。

そして、この多様性を受け止める日本人がだんだんと「こういうことは普通のことなんだ。この人たちも日本人なんだ」と思うようになってきていることが嬉しいのです。

こんなことは外国では当たり前のことです。イングランドのチームだって、フランスのチームだって、白人もいれば黒人もいるし、アジア人もいる。しかし、みんなそれぞれの国の国民です。日本だけが「なんとなく外国人だ」ということで来た気がしますが、これはだんだんなくなってきています。

私が非常に嬉しいのは、八村（塁）選手。ＮＢＡのウィザーズにドラフトされました。私が教えているゼミの学生はみな喜んでいました。

私は意地悪い質問をしてみました。「君たち、彼は日本人と思っている？　見たところも全然違うじゃないか」と。

すると、みんな一斉に「もちろん日本人です！」と答えました。私は、本当に嬉しくなりました。若い人たちからそういう差別意識がだんだんと無くなってきていると思います。

【エピソード――シルク・ドゥ・ソレイユ】

ラグビー代表の話をしたのは、これから日本には多様性がますます必要だと思うからです。

多様性を包摂していることを端的に表しているのが、シルク・ドゥ・ソレイユだと

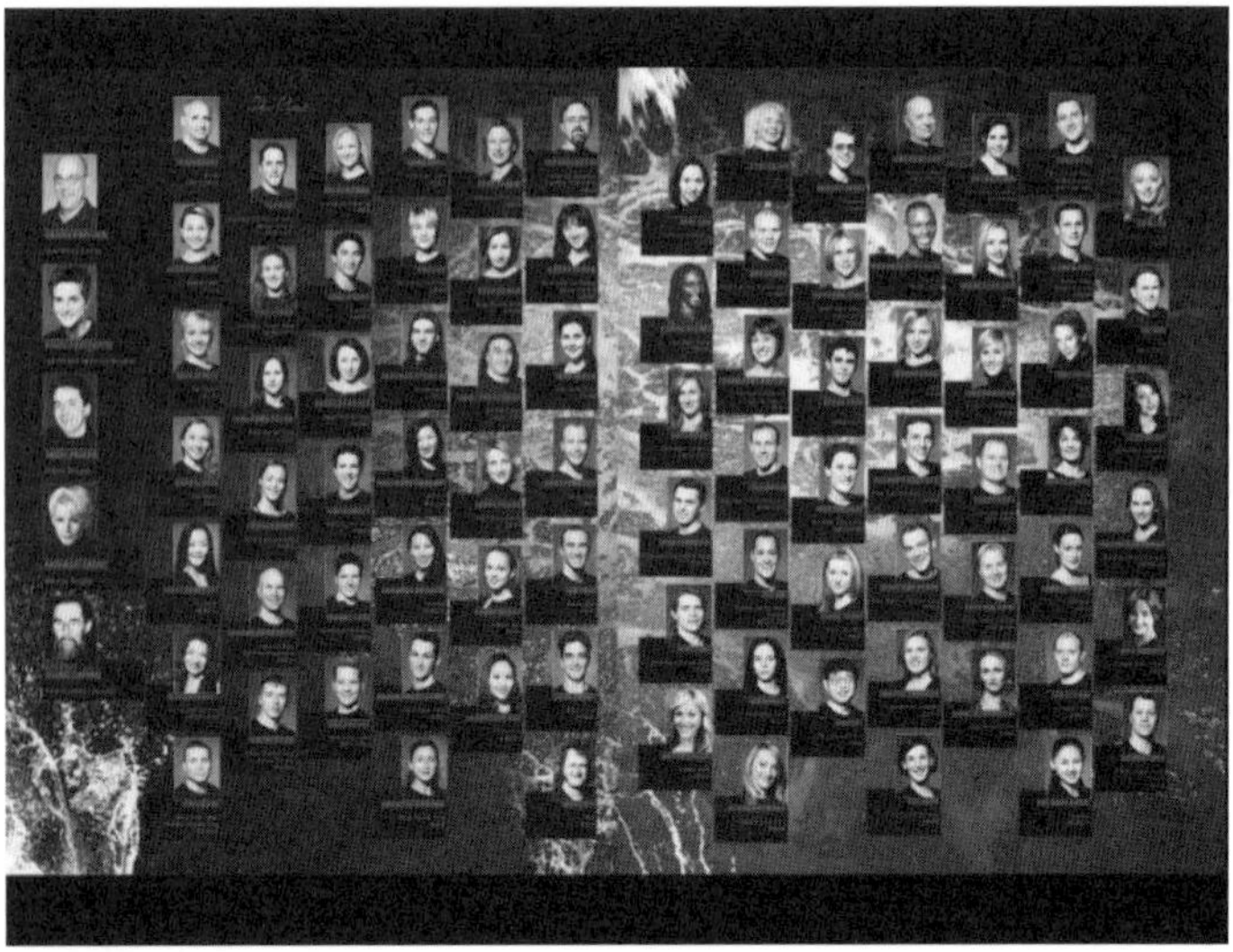

【Ⅲ - Ⅱ】「シルク・ドゥ・ソレイユ」の出演者表（パンフレットより）

思います。サーカスというよりも一大ページェントであり、こんなこと、どうして人間ができるかと思うようなショーです。世界中でショーを行っています。

日本でも常設のテントがありましたが、私はラスベガスで見ました。人間業《わざ》とは思えないような舞台での芸術です。

どうしてこんなことが可能なのかと感心し、終了後、プログラムを購入し、ホテルに帰って出演者リストを詳細に検討してみました。

そこでわかったのは、出演者83名の出身地は、世界21ヵ国にも及ぶことです（図Ⅲ - Ⅱ）。北米では、カ

【Ⅲ - Ⅲ】「シルク・ドゥ・ソレイユ」のスペクタクル（パンフレットより）

ナダ、アメリカ、南米はブラジル、コロンビア、アジアでは中国、モンゴル、欧州ではモルドバ、セネガルなど、それぞれの国の人たちが得意技を披露し、次々と繰り広げられる圧巻の舞台、壮大なスペクタクルです。

たとえば、綱渡りはコロンビア人、高いところから下の水面に飛び込むのは高飛び込みのチャンピオンだった中国人、シンクロナイズドスイミングは日本の元オリンピック選手です（図Ⅲ - Ⅲ）。

コントーションという人間のフォルムを作るのはモンゴルの女性たち、舞台芸術はフランス。世界中のタレントの上澄みを取りまとめる一番大事な運営と管理はアメリカの監督です。世界は確実に変わってきていると、私はこのスペクタクルを目にしながら考えていました。

世界中から様々な技術を集めて行うのが、今の世界の在り方です。

【エピソード——マサチューセッツ工科大学】

今、私が在籍しているＭＩＴ（マサチューセッツ工科大学）は、大学の世界ランキングでナンバーワンです。学生の学力、先生たちのレベル、総合していろいろな面から評価され世界一。

何がそんなに優れているのか、行ってみてよく分かりました。彼らは、非常にインクルーシブ、なんでも取り入れる、多様性を包摂しているのです。なんでも外から取り入れ、融合させ、外に再び出す。世界中の学生を受け入れ、みんなで一緒にやっていく。どこの国から来ているのと聞くのがばかばかしいくらい、いろんな人がいます。

オンライン教育を最初に始めたのはＭＩＴでした。ＯＣＷ（Open Course Ware）というサービスで自分たちの授業をインターネットで公開しました。世界中の学ぶ意欲のある誰でもが、世界最高水準の学問を学べるのです。もらえないのは卒業証書だけ。今やアメリカの主要な大学は皆やっています。その波はどんどん広がっています。

基本的な考え方は「share & share alike」。「我々は全てをシェアします。それを使って新しいものが出来れば我々にもシェアしてください」というのが彼らの哲学。皆でプラットフォームを作っていくのです。

【エピソード――スカンクチーム】

この多様性とは、色んな国籍やバックグラウンドの人たちをまとめるというだけの意味ではありません。たとえば、ロッキード社が以前、「スカンクチーム」というのを社内に作りました。研究に没頭して、何日も風呂に入らなくて臭いから「スカンク」と呼ばれたという由来があります。

社内の異端分子、一風変わっているけれどもものすごく能力のある人、協調性はないが技術力の高い人。平均的な人じゃなくて、いわゆる尖った人たち、異能の集団です。

そういう人たちが集まって、当時、ロッキード社が誇る斬新で、「こんなのが飛行機になるのだろうか」と思うような最新機はすべて、このスカンクチームが作りだしました。

私は1980年代に国防省でロッキードF117の模型を見せられた時、「こんな飛行機が空を飛ぶわけない、これで飛行機か?」と本当に思っていましたが、湾岸戦争のときは主力戦闘機として活躍していました。

他の企業も真似をして、同じようなチームを作った所があります。異才を持った人々を合わせて、それで皆で戦わせて、モノを作っていく。あいつは変わっているとエクスクルーシブにするのではなく、インクルーシブにすることで初めてできたプロジェクトです。

その逞《たくま》しさがいま必要なんです。非常に行儀の良い300人のネクタイを締めたシステムエンジニアが1ヵ月間かかってもブレークスルーできないプログラムを、シリコンバレーのぼさぼさ頭のジーパンにTシャツ姿のお兄ちゃんが、1日で実現してしまう。そういう時代になってきています。

異端者を包摂することは、非常に大事だと思います。

## やり通す意志（情熱と逞しさ）

最後までやり通す意志、情熱と逞しさ。これは、私の信条でもあります。ぜひぜひ

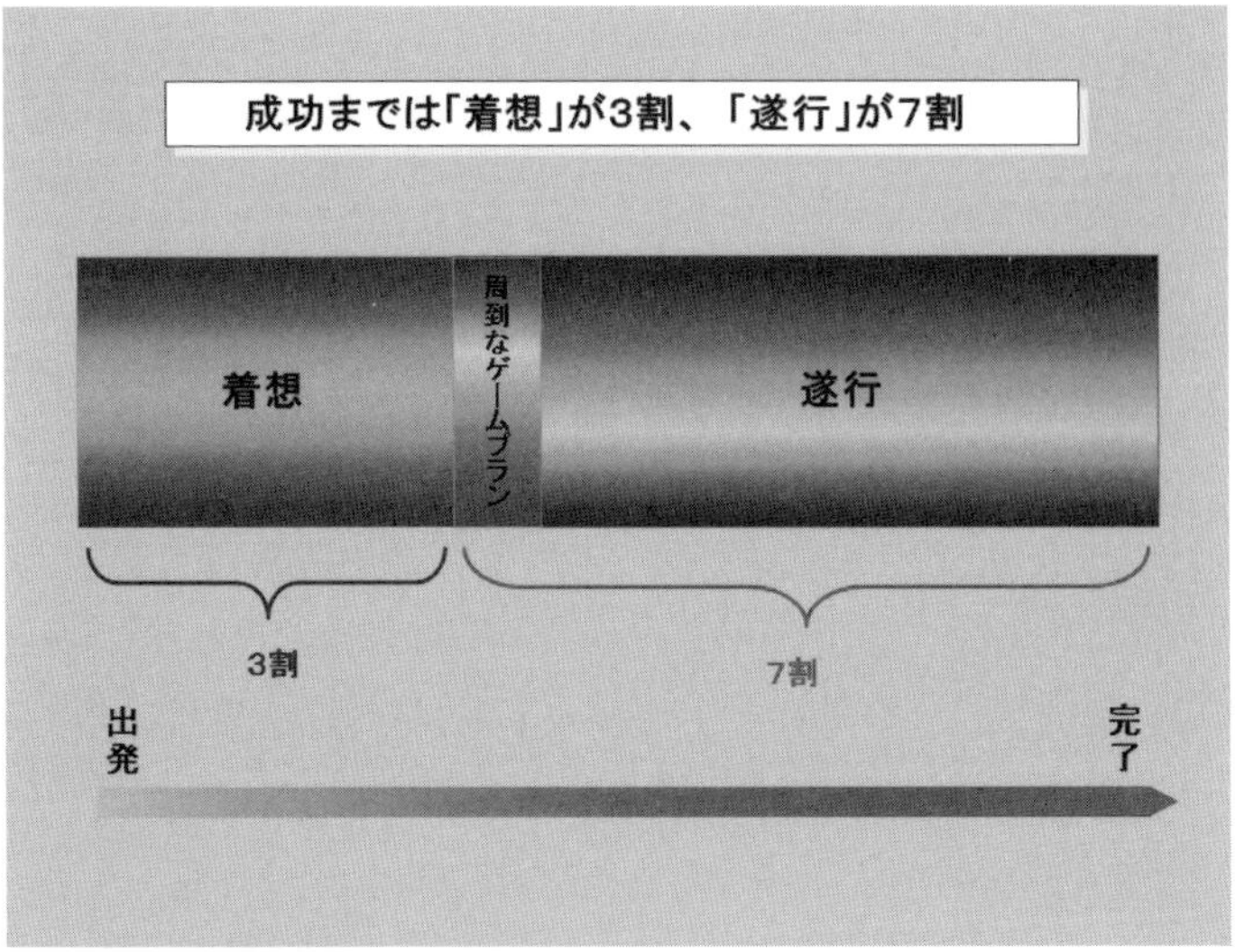


【Ⅲ - Ⅳ】アイデアを実現するまでのプロセス

皆さんに期待したいと思います。

私は70歳を過ぎましたが、今でも毎日燃えています。人間は情熱を失ったらおしまいだと思うんです。

上の図Ⅲ - Ⅳは何かというと、ある政治家に持って行ったチャートです。

アメリカ海兵隊普天間飛行場の移設問題を相談されたとき、国交省の技術者のOBたちと考えた素晴らしいアイデアがありました。この滑走路は特殊な形をしており、海流が変化しサンゴがずっと生えてくるようになる環境創造型のものでした。それを見せると、喜んで「ぜひやりましょう」とおっしゃった。

その時、私はこの図をお見せしました。「いい案だと確かに思います。しかし、構想、着想というのは全体のプロセスの3割でしかありません。実施に移すためには、周到なゲームプランが必要です。さらに大事なのはそのあとの遂行です。これが7割です。いくらいい案を差し上げても、この案を担いでエクセキュート（execute、遂行）していただかなければダメです。お覚悟はありますか？」と言ったら、その政治家はひるんでしまわれた。

リスクをとるつもりはないということです。残念ながら、私たちのアイデアは、日の目を見ませんでした。

大事なことは、案の段階から関与した人が、自分で担いで走らなければいけない、ということです。次々に人にデディケート（dedicate、ささげる）したり、やれと命令したりしていると、最初の人の情熱は段々伝わらなくなっていきます。結局は、一番強い情熱を持った人がやり通すことが大事です。

私は長いこと役人をやっていました。政策目標を決めても、実際のツールを考えると、精一杯やってもここまで、という結論となり、目標からずれることがあります。

私は部下に、「目標は絶対外すな。どういうツールが必要かを考えろ。とにかく諦めるオプションはないものと思ってくれ」と言っていました。

目標を実現するためには何が必要かを演繹《えんえき》的に考える。すでにあるものから帰納的に考えるのではなく、演繹的に考え、そのために必要なツールを準備することだ。すべてはうまく行かなくても、それでもできるだけ目標に近いところにもっていく。

役人の仕事の典型的なやり方というのは次のようなものです。

本来目指したいゴールがあるが、そこに到達するためには手段が足りない。役人の場合であれば、法律であり、予算であり、政令であり、上司であり、あるいは前例である。手元にある手段や力を全部合わせても、どんなに努力しても、本来の目標には到達できず、その手前のところまでしか行けない。でも、ここまで行けばいいじゃないか、本来目標とするところの近くに来ているじゃないか、とそれで良しとするのです。

私は、こういうものを部下が持ってくると、「ダメだ」と言うわけです。「目標を変えるな、ゴールを目指そう」「いやいやそれはできません。法律がダメです」と部下が言ってきたら、「じゃあ、法律を変えればいいじゃないか」と。乱暴ですが、しかし現に法律を変えたこともありました。そして、本来やるべきことを達成する。私の場合は対米協力を担当していましたが、予算が足りなければ、大蔵省（現・財務省）に日参しました。前例がないならばこれを前例としようと。

目標を決めたら、「これをやるためには絶対に動かさない、これを死んでもやり抜く」という「意志」が重要だと思います。

ウィンストン・チャーチル元英首相の言葉です。

「Never, never, never give up.（絶対、絶対、絶対あきらめるな）」

## 「見通そうという意志」

国際情勢を見通す力を養うためには、知識や経験に加え、最も大切なことは「見通そうという意志を持つこと」です。たとえば、海の中を見通すことはできない。しかし、海の地形は陸の地形に水が溜まったものなので、海の地形を理解する際に一番良い方法は、陸上の地形を読むことです。これでだいたい海の中の地形を見通すことができます。

稜線《りょうせん》がなだらかにカーブを描き海中に沈んでいるところはしばらくそう続くし、切り込んでいる断崖は、海中でも続いている。当たり前だと思うかもしれませんが、海を見るときに、そのような思いで考えるか考えないかの違いです。

見通してやろうと陸上の地形を見れば、だいたいの海中の様子もわかるが、そうでないと海はフラットにしか見えません。

要点は非常に簡単で、まずは「将来を見通すぞ」と強く思うかどうかであって、そう思って見なければただフォローしているだけになってしまいます。世界はこれからどうなるのか、という意識を持つことはなかなか難しい。先のことはなかなか読めないですが、そういう意識を持っていると、起こったことの分析や本質は後からわかります。

【エピソード――岡本の１６０名の米国議員個別訪問】

ワシントンの日本大使館で参事官として働いていた80年代前半に、対米自動車輸出台数を制限する自主規制の問題があり、ワシントンの国会議員を個別に説得して回ることに決めました。

しかし、参事官の肩書では普通、国会議員はまったく会ってくれません。そこで、まだ慣習にとらわれない1期生議員を狙うことにしました。

全部回ると固く心に誓い、１期生下院議員50人全員に会いました。２期生議員にも会え、下院４３５人のうち１５５人と話すことができました。

相手にアクセプト（accept）されるかどうかは、外国人との間で非常に大事です。特に、会談で大事なのは、会話の要諦です。どうやったらアクセプトされるかを考えます。

まず、要点を述べる。一回一回のミーティングは真剣勝負です。最長で20分。それで意を尽くせなければ、それはこちらの落ち度です。それくらいの覚悟をもって挑んでいました。

皆さんに励行してほしいのは、会議開始10分前に、これはどういう会議なのか、何の目的なのか、挨拶のためか、好きになってもらうためか、自分の意識に入れ込んでおくことです。

フランス語「demander（求める、要請する）」。どちらがこの会合をお願いしているか。何を得なければならないのかを、直前に考えておくことです。

【エピソード――湾岸への四輪駆動車搬出】

生涯で一番長い日の話です。湾岸戦争の時、日本は何もしていないと非難を浴びました。そこで、お金ではなく日本の四輪駆動車８００台を、湾岸に届けることになりました。

１９９０年９月５日。名古屋の岸壁から８００台の車を積んだ船が出航しようとしていたとき、それが事前に新聞にリークされ、海運組合が絶対運ばないとなり、名古屋の金城埠頭《きんじょうふとう》は大騒ぎになりました。上空には新聞社のヘリコプターが飛び、船員は怖がり下船してしまい、一度積み込んだ自動車も降ろされようとしていました。

運輸省（現・国交省）海運局から私に電話がきて、「岡本さん、こうなった責任は取ってくれるんでしょうな」と。私はそれに反対する全日本海員組合を説得するほかないと思い、午前10時に、六本木にある全日本海員組合に「船を出してください。日本にとってどうしても必要な貢献策なんです」と掛け合いましたが、「いや、我々は軍事物資は運びません。戦争協力はできません」と追い返されました。

そのうちに、名古屋の金城埠頭ではたくさんのヘリコプターがバンバンと上空を飛び周り、川崎汽船は驚いてファンネルマーク（注：船の煙突部分《ファンネル》につける会社の印）を塗りつぶしてしまったりと、騒ぎがどんどん大きくなっていき、湾岸への四輪駆動車の輸送は、ほぼ絶望的な状態になっていました。

これには世界中が注目していました。この船が出なければ、「日本は、はじめて湾岸戦争に協力するはずだったのに、結局はできないじゃないか」となってしまう。私は勇気を振り絞り、正午にもう一度、海員組合に行きました。「なんとか国のためにお願いします」と。

しかし、態度は変わりません。全日本海員組合から、「これは湾岸戦争の為ではなく、民間に補給するための支援だと政府が言ってくれれば船を出せる」という案もありましたが、それでは意味がない。それに、嘘をつくことは出来ません。報道各社はびっしりと海員組合の周りを囲んでいました。

その2時間後に、私はまた海員組合へ行きました。1日で3回目です。今度は、彼らがイエスと言うまで立ち去らないつもりで行きました。「国を救うのはこれしかありません。海員組合も日本国民でしょ」と懇々《こんこん》とお願いしました。

その時の中央執行委員長である野村さんが目をつぶって長く考えていました。その後に彼が言ったことは今でも鮮明に覚えています。

「岡本さん、私は去年妻を亡くしました。私にはもう失うものはありません。国のためにやりましょう」

そこから徹夜の交渉が始まり船員の安全をどうやって確保するか、政府がどこまで出来るのかという協定書を作り、夜中の1時に決着がつきました。

翌日の午前6時、輸送船シービーナスが800台の四輪駆動車を積んで、オレンジ色に輝きながらイラク水路へと進んでいくシーンをテレビで見て、さすがに泣けました。

上手くいかなかったら辞めようと、辞表を用意していました。最終的には船は出航しましたが、情報が洩《も》れてしまった責任を取るつもりで、役所のトップに持っていきました。結局、慰留《いりゅう》されました。

その時、どんなに壁が厚くても、ぎりぎりまで努力をすることがいかに大切かを思い知りました。

こう言葉で言うのは簡単ですが、当時どうしようもないところまで、自分は追い詰められていました。もうちょっとのところで、日本が世界の笑いものになるところだった。

この船が出航しないということは、世界への支援を拒否することになる。それを、野村組合長が何とか救ってくれました。

そういう人をみつけるのも努力が必要。結局は、人間関係だと思います。自分が3回行ったからＯＫという単純な話ではなく、その上の大義に共感してくれたからこそです。

使命感と情熱をもっていなかったら、前に進んでいなかったでしょう。

【エピソード――シャーロック・ホームズ】

私は「シャーロック・ホームズ」が好きで、昔からよく読んできました。ホームズは事件現場に行き、2時間くらい這《は》いずり回り証拠を集め推理する。その謎解きを友人のワトスン博士に向かって説明します。それを聞いてワトスン博士は「なんだ、そんなことか」と納得しますが、ホームズは不機嫌になる、というのがいつものオチです。

ではこの2人は何が違うのか。それは情熱です。推理するぞ、答えを出すぞ、という強い意志です。それがあるからホームズは毎回、答えを導き出せるのです。ホームズには「絶対に解決するぞ」という意志があり、それゆえに細かな点まで徹底して観察し、普通の人の目につかないことも発見できます。

「何が何でもなし遂げる」と、情熱をもって最後までやり抜く力を持っているからです。目的意識の強さの違いです。どうしても犯人を捕まえてやる、犯人像を見つけてやると探すから結果が出る。何が何でもなし遂げると、情熱をもってやることが大切です。

## 感動は最強の出発点

モチベーションとして一番強いのは感動です。大事なことは、感動は与えられたものではなく、自分で見つけ出すものだということです。感受性を常にセンシティブに張っておくことです。今まで例に出した人たちの一言一言に、私は感動します。

いくら国際人になろうとしても、感動する心がなければ、どうやってとっかかりを作って世界に入っていけばいいか分からないでしょう。常に自分のアンテナを張り巡らせて、好奇心の塊《かたまり》になって、世界を見ることが大事です。

「ＡＬＷＡＹＳ 三丁目の夕日」という映画は、私が育った時代を描写しています。主人公の少年の成長を記録した物語ですが、この主人公は昭和20年生まれの私と同世代です。

物が全然ないときに東京タワーができてくる、テレビや自動車が出てくる。洗濯板は洗濯機になり、箒《ほうき》は掃除機になり、冷蔵庫も厚い鉄の箱に氷を入れて冷やすものが、電気冷蔵庫となりました。

この時代は皆に、ハングリー精神、前に進む気持ちがありました。生活が豊かになることを実感しながら前に前に進んでいった。国全体が貧しい時代から、新幹線ができ、黒部ダムができ、首都高ができた。国中が一つのことに熱中しました。

長嶋茂雄は今のスター選手全員を集めても匹敵しないほどの人気があり、国民的英雄でした。

皇太子殿下（現・上皇陛下）の御成婚の時は、国中が沸《わ》き立つようにテレビの実況放送を見ていました。フロンティアがありました。

それが今はなくなった気がします。１９７０年の大阪万博は入場者数が６４００万

【Ⅲ - Ⅴ】筆者が撮影した海中の写真

人、多くの日本人が出かけました。それに比べて2005年の愛知万博の入場者数は2200万人、3分の1に減少しました。

## 新しい感動を見つけに行く

新しい発見、感動は、自分の外にあると思います。私は海に潜って写真を撮ることが趣味です。展覧会も開催しました(図Ⅲ - Ⅴ)。

海の中へ潜っていると本当に感動します。この一瞬を切り取りたいと思いシャッターを押す。私の海中写真機は30年くらい前のフィルム写真機であるため、36枚しか写真が撮れません。家に帰って現像するまでその出来を確認することもできない。

感動するシーンを探しに探して、これだと思う瞬間にシャッターを切る。

なにもない風景の中にも面白いものはたくさんあります。

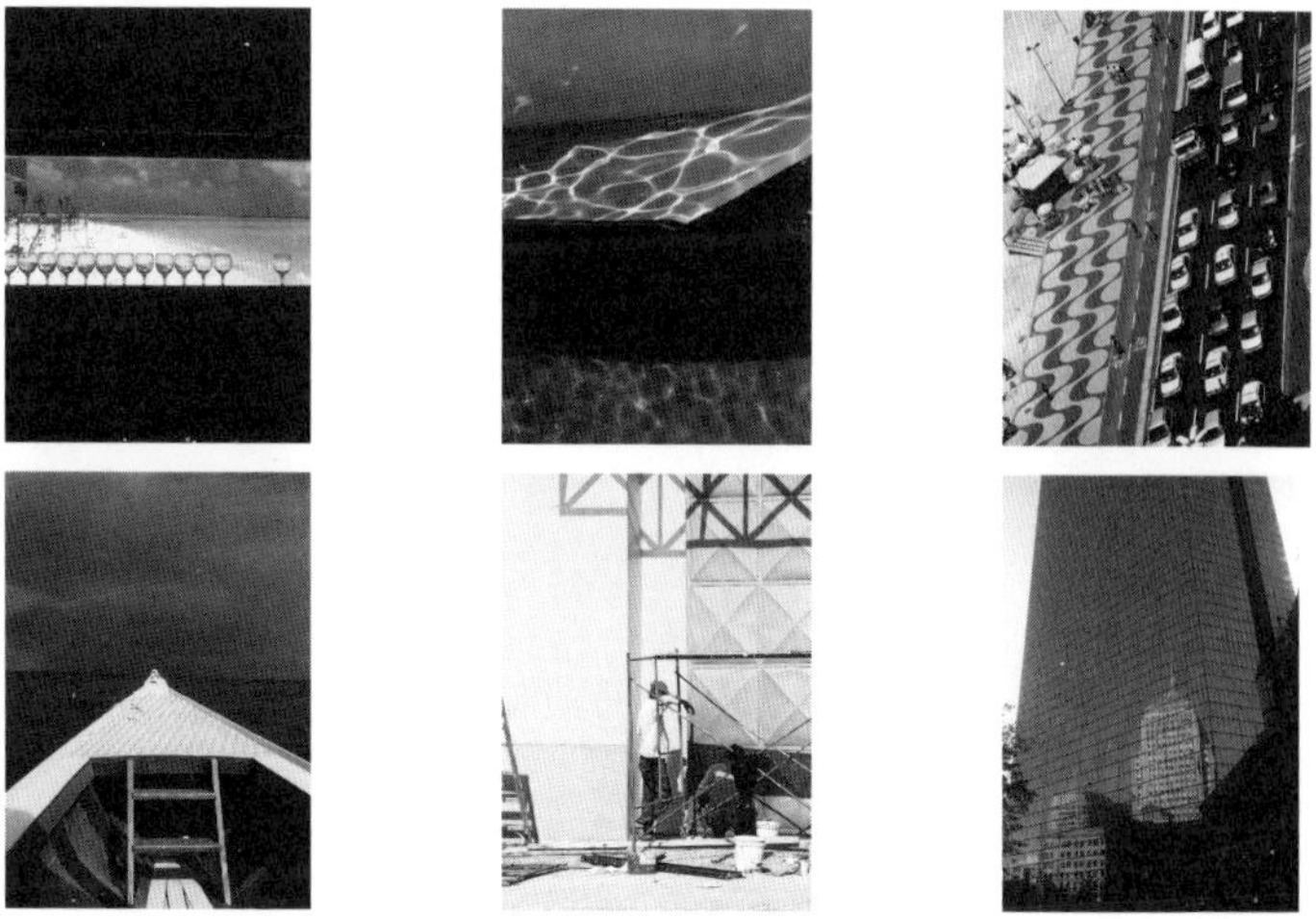

【Ⅲ - Ⅵ】筆者が海外で撮影した写真

ボストンのビルのガラスに映って見える向かい側の建物、サンティアゴ（チリ）の炭坑現場の黄色と緑の組み合わせ、モルディブの海岸のバーの窓辺に並べてあるグラス、単なる海の波の模様が船に映って見える模様、船の舳が切り取るアマゾン川（図Ⅲ-Ⅵ）。それをどう感じるか。自分が常に新しい感動を求めているかどうかが、非常に大事です。

できるだけ自由な時間を作って、新しい感動を見つけに行きましょう。

仕事を離れて、街に出る。全くいつもと違う情景に出る。五感を研ぎ澄ます、感受性を強くすることが大事です。そうすると、いろんな人と会っても、自分がそれに対してレセプティブ（receptive）

で、反応がいい人間になっていきます。

私は、マンションのエレベーターで一緒になった人に必ず声をかけるようにしています。「おはようございます」と言っても最初は誰も声をかけてくれませんでしたが、今ではみんな挨拶してくれます。

思い切って知らない人に声をかけてみましょう。少しずつ自分の意識のバリアを溶かしていくことが大事だと思っています。

## 予期せぬ良いものを見つけ出す能力

新しくコンセプトを作るにも感動が必要です。仕事を通じて感動することはありますが、外へ目を向けてほしい。綺麗な景色や面白い映画、夢のような生活、音楽に、芸術に触れてみるのもいい。

新しい感動を常に見つけるという意識が大切です。

serendipity という単語があります。予期せぬ良いものを見つけ出す能力のことです。日本語にはこのような言葉はありません。

私は図書館や本屋が大好きです。でも開架式じゃないとダメです。いろんな知識の宝庫。背表紙を見て面白そうだと思ったものは手に取っていく。見るだけでアイデアが湧いてきます。

感動する心がないとserendipityは備わらない。結局、自分で感動を見つけるアンテナを張っているかどうかが大事です。これはリアルの場にあります。常に好奇心を持っているから感動が生まれます。

## 課題設定能力すなわち独創性

日本ミツバチと西洋ミツバチがいます。彼らに、ほかのハチが使っていた巣を与えると、日本ミツバチは、巣の中に頭をつっこんで、羽を震わせてベンチレーションを利かせて前に住んでいたモノたちの匂いを消し、空気をきれいにして、そこに住み始めるといいます。

一方、西洋ミツバチは、与えられた巣を顎《あご》で噛み砕いて、新しいものに作り替えてしまうそうです。面白いと思いました。これは人間にもあてはまるでしょう。

我々日本人は、インプットは得意ですが、アウトプットは苦手です。応用能力に長けていますが、コンセプトを作るのも苦手です。

農耕社会で、皆で共同してやってきた時からのDNAでしょうか、コンフォーミティ、皆が同じように動くことに重きが置かれます。エスカレーターの整列やごみの分別などは見事です。ルールが決まったときに守るのは良いことですが、与えられたものを守るだけではいけない。より大事なことは、新しい課題をどのように設定していくかということです。

日本人の国際化のために学ばなければならないと思うのは、課題設定能力です。白地のキャンバスに自分で最初から絵を描くような構想力、設定力が、世界へ打って出ていくために必要な能力だと思います。

## 模倣に対する抵抗感

アメリカは、模倣に対する抵抗感があります。何か新しいものを作らなければならないという精神に溢《あふ》れています。

1980年代、私は外務省の安保課長をしているときに、SDI（Strategic Defense Initiative）計画、通称「スター・ウォーズ」計画がありました。

日本がこのSDIに参加するかどうかを決めるために、民間の技術者20人と一緒にアメリカの大学や研究機関、国防省にSDIの実態を調査しに行ったことがあります。

当時ソ連が持っていた2万発の核弾頭に、それぞれおとり弾頭が4つ付き、合計10万個の弾頭が、ソ連からアメリカ大陸に向けて一斉に宇宙空間を秒速8キロで飛んでくる。それに対しアメリカは、４０００キロ離れたところからＳＤＩシステムを打ち上げて、30センチくらいの大きさのターゲットにレーザー光線を発射して、すべての電子回路を焼き切るといった、いわゆるソフトキルの技術です。

それは例えれば、10キロ先を秒速８メートルで飛んでいる蚊の目玉を射抜くほどの正確さが求められます。

当時の水準からすれば、このＳＤＩ計画を実現するためには、すべての能力を３桁から4桁アップしなければなりませんでした。コンピューターの演算速度を５０００倍あるいは1万倍あげないといけない。

材質の強度も、レーザー光線の到達距離も、３桁のレベルアップをしなければいけない。そういう状況の中で、アメリカの研究者らが課題を解くために、必死の努力をしていました。日本の技術者たちはその姿を見て、「アメリカがどこまで考えているのかが分かれば、我々も一生懸命やれます」と言っていました。

これが日本のいけないところです。アメリカがやっているから自分たちも研究をする、というスタンスが、日本の技術者の率直な意見でした。自分たちが先導して世界最先端の技術をつくりあげていくという気概が感じられませんでした。

他の人ができるのであれば自分たちにもできると安心する。自分たちで課題を設定して取り組む逞しさがありません。

## アナログの独創力

アングロサクソンの逞しさ。いま目の前にある光景を永久に記録に残したい、蒸気を使って機械を動かしたい、夜を明るくしたい、何マイルも離れた相手と話をしてみたい。

第1次大戦で航空機が戦争で大変な威力を発揮することがわかった。じゃあ、それを海でも使えないか。ならば、と甲板を滑走路にしようと考えた。

コンピューターはこういった発想はできません。人間のアナログの独創力が一番の基本だと思います。

コンピューターは、大変高速な演算能力、大容量の記憶能力はありますが、クリエイティビティはないわけです。それは人間の脳のみがやりうることです。

人間の脳はとんでもない産物です。コンピューターは記憶、演算においては人間の脳など相手にしないくらい凄まじいものですが、課題設定能力、物事をつくる創造性は、人間の大脳の中から出てくるものだと私は固く信じています。

これは私の信念ですが、仮説はアナログの世界です。コンピューターにやらせてもダメ。発想のエンジンは情熱だと思います。非常に強い想いを持てば持つほど、次々に仮説がたっていく。それで初めて、デジタルのデータベースから必要なものが得られていくと思うのです。

人間の脳には、1000億以上の神経細胞、CPU（中央演算処理装置）があるわけです。そして、神経細胞からはシナプスや軸索《じくさく》といったアンテナが出ていて、四六時中パルスが飛んでいる。このアンテナを全てつなげると100万キロあるそうです。

そして、1つの神経細胞からたくさんのパルスが飛んでいて、それがどこへ飛ぶかわからない。その99・9999％は意味のないものですが、0・0001％くらい、何億回に1回くらい、意味のあるものができる。それが閃《ひらめ》きです。この点で、コンピューターが人間に太刀打ちできるはずがありません。

では、強いパルスをたくさん発信するためにはどうすれば良いでしょうか。

これには、人間の情熱が大きく作用すると私は信じています。強い情熱に応じて、パルスの強さ、数も大きく、多くなっていくのだと思います。

## 「なぜ」という無限の質問

常に何かを考えている、というのも大事です。毎朝、シャワーを浴びながらでもいい、5分でもいいので、今日は何をするんだ、何をしようか、と集中して考えてほしいと思います。

自分もそうやってきました。そうすると、いろんなアイデアが湧いてきます。ただ起きて、ご飯を食べ、電車に乗って職場にそのまま着くのと、朝5分間集中して、今日はこれをやるんだと考えるのとでは、まったく違う1日になってきます。

そして、常に好奇心を持つようにしています。なぜなんだろうといろいろ考えます。なぜ空は青いんだろう、なぜ花はあんな変な形をしているのに綺麗に感じるんだろうとか、常になぜ、なぜ、なぜ、なぜと思うことが大事でしょう。

最近気分が良くないことがあった、なぜ。学校で上手くいかないことがある、なぜ。簡単なことであっても「なぜ」という言葉を発し続けることは、非常に大切だと思います。そして、常に前を向くことを考える。そのかわり1日中 末梢《まっしょう》 神経まで張りつめています。それを理由に、夜は、ウィスキーを飲んでひっくりかえっています(笑)。「なぜ」という事は無限に発し続けられる質問です。相手が言った事に対し「それはなぜですか、なぜですか」と。

全ての事象は多層的な構成、マルチレイヤーです。そして「なぜ」と思うことでもう1段下のレイヤーに行く。もう1回「なぜ」と思うことで更に下に行く。

外縁部分を確定して、その相対的な位置づけをして、そして「なぜ、なぜ、なぜ、なぜ」と思うことで、物事の９割くらいが捕捉できる。

だから私は質問魔です。質問が途切れる事は無い。

ただ、質問というのは、ある程度の基礎知識と自分に自信がないと出来ません。質問から得る答えによって相手のレベルが推し量れます。

質問して相手の答えが深い知識、教養に基づいたものであれば、会話をどんどん進めようと思うでしょう。質問を受ける側も、どんな質問をしてくるかでこちらの力量を推量してきます。

「ああこの程度の知識か」と思うような質問であれば、おざなりな対応になるでしょう。質問とはそういった怖さもあるわけです。

## 流れを変える質問

「なぜ」によって深掘りしていく過程では、自分の中に「仮説」を組み立てていく必要があります。

ネットでサーチエンジンを使えば物凄い量の情報があります。

たとえば、インド経済について調べたいとします。「インド経済」という言葉を打てば、何百万件もヒットするでしょう。

しかし、その中から自分の求めている回答が何百何十番目にある場合、どうやってそこまで到達すればいいのか。膨大な情報の中から欲しい答えを入手するには、仮説を立て、それを検証する情報を絞り込んでいくことです。

中国の所得は金持ちから低所得者まで、だいたいなめらかなカーブで描ける。昨日の低所得者が今日は中産階級になってくる。今日の中産階級は金持ちになっていくかもしれない。だから、中国はうんと伸びているんだろうなと推測する。

ではインドはどうだろうか。「インド経済」とだけサーチエンジンに入力をしても分からないので、格差を見る、所得構成を見る。

ひょっとしてインドは中国のようななめらかな分布曲線とは異なり、持てる者と持たざる者の差が大きく開き、中間層がいないのではないかと仮説を作る。

中国では昨日持たざる人が今日は購入可能な人になっているかもしれないが、インドではいつまで経っても持たざる人なのかもしれない、と仮説を立てて、それに応じた情報を拾い始める。

このようにして、最初に数百万件出てきたのが数万件になり、5000件になり、600件になり50件にと絞り込まれる。

そうして調べてみると、インドというのは2億人くらいの持てる人たちがいて、残りの9億人が低所得層にいる。少しくらい時間が経っても、この9億人が上層に融合されていくことはないだろう、ということが分かります。

また、質問には、流れを劇的に変える力があります。私が思い出すのは、沖縄・普天間飛行場の移設が決まった経緯です。

当時、アメリカ側は「安全保障面から言っても、普天間を日本側に返還することはできない」と主張し、現状維持を正当化する理由は山ほどありました。

しかし、すべての情報、状況を検討したうえで、当時のペリー国防長官が発した1つの質問が流れを変えました。

「皆が言うことはわかった。ただ、どうしてあの狭い島のまん中に2つも飛行場が必要なのか？」

この非常に単純な質問に誰も明確に答えることができず、移設が決まったという話をアメリカ関係者から聞きました。

課題設定能力は、質問を積み重ねて自分が物事を相対化し、その事象を深掘りして初めてできるものです。相対的な位置づけを知るための質問を発するためには、全体的な基礎知識や教養、マクロの把握力が必要です。そうした知識、教養を深める努力をすることは大切なことです。

## スピード、スピード、スピード

国際的な競争を行う上で日本に決定的に足りないのはスピードです。私はアメリカとの間で様々な仕事をしてきましたが、日本の反応は本当に遅い。意思決定までに10倍の時間はかかっています。

私の信念は、状況が難しければ難しいほどスピードが大切ということです。

【エピソード――希望の烽火基金】

震災の話を少ししたいと思います。

東日本大震災後、いてもたってもいられなくなり東北に行きました。

甚大《じんだい》な被害を受けた東北沿岸の漁業および漁港機能を、可能な限り早期に再開させる。そのためには、東北の主要漁港の市場の再開に必要な最低限の資機材など、わずかでも供与があれば、市場機能が早期に回復する。決定的に重要なのは「スピード」でした。

速《すみ》やかな漁港機能の回復は、部分的にせよ、漁業が再開したという「烽火」となって東北全域に希望を与えることになると信じて、「希望の烽火基金」を設立することにしました（図Ⅲ - Ⅶ）。

聞き込みをしているうちに、彼らが何を必要としているかが分かりました。船はなんとかなるが、冷凍冷蔵施設がないから氷もなく、獲った魚も保存できない状況で、「冷凍冷蔵施設」がどうしてもほしいという声が多く聞かれました。

漁には漁期があるため、政府の本格復旧を待っているようでは間に合わず、その間に組合員がやめてしまう心配がありました。

【Ⅲ - Ⅶ】「希望の烽火基金」のポスター

南三陸漁業協同組合の組合長佐々木さんは私にこう言いました。

「震災後、漁師たちが次々にやめようとしている。これでは南三陸の漁業が壊滅してしまうから、『俺に3ヵ月間だけくれ。必ずみんなを漁に出せるようにするから』とみんなに言った」と。

その話を聞いて、組合員を説得したなら、その3ヵ月の間に、何とか助けてあげなきゃいけないと思い、この活動を始めたわけです。

「いま何が一番必要ですか」と沿岸部の市長さん、町長さん、漁業の組合長さん、管理組合の理事長さんらに尋ねたところ、皆さんから「陸上の冷凍冷蔵施設」という答えが返ってきました。港というのはとにかく氷がないと機能しない。

船は津波から被害を免れたものが5%ほど残っているので、他の漁港の船が入れば水揚げはできる。例えば、女川《おながわ》は日本有数のサンマ基地ですが、女川に所属する船は1隻もなく、入ってくるのは北海道、福井県、千葉県、三重県、和歌山県の漁船だといいます。

このような船が入っても、氷と冷凍施設がなければ港は機能しません。だから、応急の冷凍冷蔵庫として、船会社が持っているコンテナが一番欲しいということでした。それを聞いて日本郵船に相談し、有償、無償含めて100本以上のコンテナを出してもらえることになりました。

さらに、私はさまざまな会社を回り、1ヵ月で基金の資金を6・5億円集め、コンテナを中心に港で必要な資機材を供与することができました。

それは国の復旧予算に比べたら微々たるものですが、その資金でコンテナに急速凍結機も取り付けることができました。冷凍コンテナはマイナス30度まで冷やせますが、

【Ⅲ－Ⅷ】南三陸町に運びこまれた冷凍コンテナ

急速凍結はできません。これだと魚を芯まで凍結するのに3日かかり、商品価値がなくなってしまいます。そこで、急速凍結機とファンを取り付けるという世界で初めての試みをしました。

何とかならないかという思いをもって皆で相談していくと解答が出てくるのです。コンテナが冷凍庫としての役割だけでなく、凍結庫としても働くようになったのです。

震災から約3ヵ月後の6月21日に、初めてのコンテナを女川に搬入しました。そして、組合長と約束した南三陸にも届きました（図Ⅲ－Ⅷ）。これは本当に感謝されました。

政府の行った本格復旧に比したら些《さ》細《さい》

な支援かもしれませんが、とにかくスピードが重要でした。こうして東北の13の漁港に冷凍コンテナを置いて回りました。

つい先日も東北に行きましたが、依然として冷凍コンテナが使われていました。政府の本格復旧も終わり、立派な冷蔵庫、冷凍庫がほかにあるにもかかわらず、なぜいまだに、これが使われているかというと、不要になった漁港が加工業者に渡し、その加工業者で不要になるとさらに小さな加工業者に渡し、みんなで使いまわしていたからです。それを知って本当に嬉しかったです。

ある町では、コンテナの上に製氷機を取り付け、コンテナの中に氷を落として氷保管庫として使ったり、さらなる活用をしてくれていました。

地元の方にたびたび、コンテナのお礼を言われますが、私は心の底からいつもこう答えます。

「お礼を申し上げるのはこちらの方です。こんなに素晴らしく使っていただいて感動しています」

我々は急速凍結・冷凍コンテナを作り供与しました。それを地元の人たちは、必死に考えて使用する。これほど素晴らしい現場力、適応力、そして経験力の高さを持つ国は、日本だけではないでしょうか。

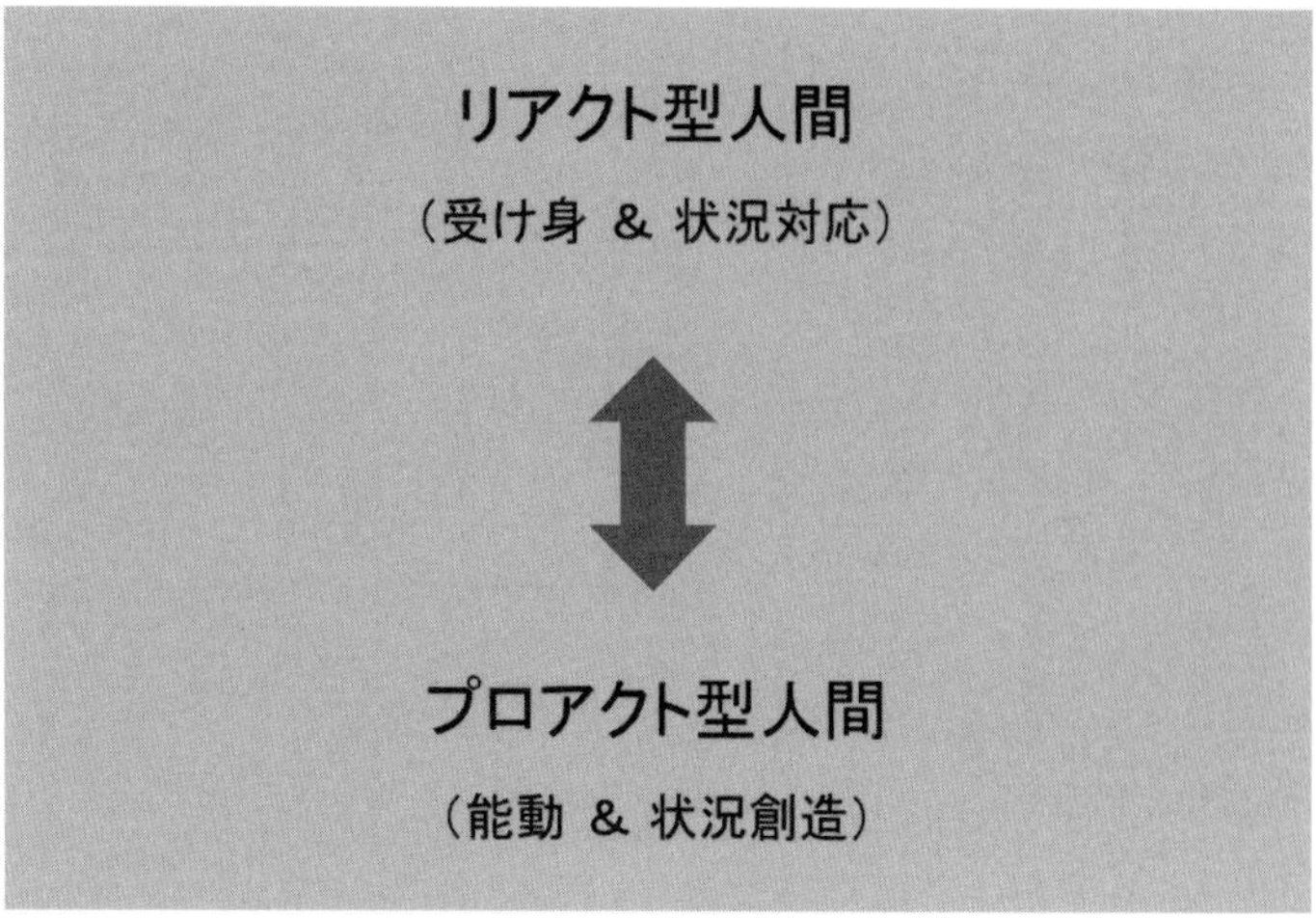


【Ⅲ - Ⅸ】「リアクト型人間」と「プロアクト型人間」の比較

上の指導力さえあれば、日本はまだまだ中国、韓国にも負けずに、伸びていく国だと私は思っています。

## プロアクト型人間に

国際人としてのこととは離れてでも、皆さんに私が期待していること、それは、「プロアクト（proact）型人間になっていただきたい」ということです。

プロアクト型人間とは、リアクト（react）型人間の反対です。リアクト型人間は、受け身、状況対応型。リアクトは日本ではよく使われる言葉で、何かに反応するということです。

それに対して、プロアクトという言葉は日本ではあまり使われません。プロアクトとは能動的、つまり状況対応の反対で、状況創造型でいくということです（図Ⅲ-Ⅸ）。

リアクトは環境が命ずるままに自分で動く。例えば、会社が命じるままに動くので暇になる場合もあり、悪口を言い、頑張る人の足を引っ張る。

プロアクト型の人間は自分も環境の一部として考える、つまり自分が動けば環境も動く。上司の命令を待たず自分で自分の仕事を探しに行く。常にフロンティアを求め動く。つまり忙しくてしょうがない。人の悪口を言っている暇はない。常に新しいことはないかと動き回っている。

国でも企業でも、プロアクト型人間が増えなければ進歩がありません。いかにプロアクト型人間を増やすか、というのはとっても重要なことです。

## 積分の意識を

先を見通そうと自分で思うかどうかが、物事の本質を正確に理解できるかどうかを決めると話しました。どうしてこうなったのか、と考えるときに、単に新聞を読むのではなく、もっと知ろうと色々なものを読む。トレンドがいかに大事か、先になにが起こるか知りたいという思い。

たとえば、微分積分の世界。

微分は、連続したものを部分的に小さくしていってみると、結局は、限りなく直線に近づいていく。我々は、昨日↓今日↓明日と見ていくと、何が起こっているのか、変化はよくわかりません。

積分で考えると、微分した直線とずれていることがわかります。トレンドを見なければなりません。毎日毎日のミクロの変化を積み重ねるだけでは現実とのずれが出てきます。

とにかくプロアクティブに前に向かって見通す力を考えてもらいたい。是非、「積分」の意識を持っていただきたいと思います。


【エピソード ―― 奥克彦の物語】

彼はイラク復興のためにイラクに赴任し、２００３年、過激派集団の狙撃を受けて殺されました。青山葬儀所には約３０００人が参列しました。

彼は典型的なプロアクト型人間でした。本当の英雄でした。私がイラクへ行くときは必ず彼が付き添ってくれて、イラク中を回りました。

彼はどこにでも入って行きました。防弾チョッキをつけないので、私は心配して、

「どうして防弾チョッキを着ないんだ?」と聞くと、

「防弾チョッキを着ていたら、『あなたたち、私を狙っているんでしょう』と言っているようなものです。それでは、皆とコミュニケーションなんてとれません」

と言っていました。そのくらい彼は自分の方からイラクの人たちの中へ入って行く人間でした。

イラク中を回り、何かできないかと工場を視察しました。イラク人は大変に優秀で勤労意欲も高いですが、工場はひどい状況でした。米軍と一緒に行って、工場の復旧について事細かく支援しました。

病院を訪問すると、レントゲンのフィルムが足りずに1ヵ月に6枚しか使えないという。「薬もありません、何とかなりませんか?」などと、いろいろな陳情を受けました。

奥は即座に「皆さん買ってください。レントゲンのフィルムも薬も買ってください」とその場で言うんです。本来は本省に手続きを取らなければなりません。

私は奥に「そんなこと言って大丈夫か? 怒られないか?」と心配して聞くと、彼は笑って、

「岡本さん、僕はいま貯金が500万円あります。もし本省がダメだと言えば、そこ

から払えばいいんですよ」

と言うんです。

奥のこうした仕事の仕方に対しては、批判もありました。何もそんなスタンドプレイをしなくても、役所に申請して待てばカネは支払われるのだから、組織で仕事をする以上はそうすべきだ、と言う人もいました。

でも、支払われるまでの6ヵ月の間に患者は死んでしまいます。だから、奥はリスクをとって進めていた人間でした。強い情熱に基づいてやると、そういうことも必要なんですね。

【エピソード――日本の「アルゴ」】

湾岸戦争の戦勝パレードが、ワシントンDCのペンシルバニア大通りで行われました。そこには34ヵ国の外交団が招かれましたが、日本の駐アメリカ大使は招かれませんでした。日本にとって屈辱の湾岸戦争となりました。

日本の行った支援が世界に正しく伝わっていない。野党に叩かれることを怖れて、日本が行ったことを最低限にしか海外に発信しない日本政府の消極的な態度も問題でした。

「アルゴ」という映画がアカデミー賞をとりました（注：作品賞、脚色賞、編集賞）。イラン革命のときに6人のアメリカ人の大使館員をカナダ大使が匿《かくま》った話です。

大変勇気のある行動としてアメリカ国民に讃《たた》えられ、当時アメリカでは国中に「Thank you, Canada」と書かれた横断幕が張り巡らされていました。

マンハッタンのバーでは、カナダ人だというと、無料で酒を飲ませてもらえたという話もあるくらいです。そのくらいカナダに関する感謝があふれていた時期です。

しかし、湾岸戦争の時、実は日本は、もっと勇敢なことをしていたのです。

城田《しろた》安紀夫《あきお》という私の外務省の後輩が、クウェートで臨時代理大使をしていた時、アメリカ大使館の館員19名を日本大使公邸に匿いました。

彼は非常に物静かで立派でした。イラク軍を欺《あざむ》き、自分たちの食料を分け与え、危険を冒して保護していたのです。

彼は本省の許可を得ていたら間に合わないため、自分の判断でそういった行動をとりました。個人では、こういった素晴らしい日本人はたくさんいます。

アメリカ大使館と日本大使館が緊密な連絡をとり、10日後に匿っていたアメリカ大使館員たちを帰すために、最初は怪しげな車をおとりに走らせたり、最後に残った女性にはアラブ人の衣装を着せたりして、全員を無事に逃がしてあげました。

これは一切、アメリカでは報道されていません。アメリカ大使館の日本部は感動し、「ぜひ表彰式を」と言ったのですが、日本嫌いのベーカー国務長官がそれを拒否し、何も行われませんでした。

# Ⅳ・皆さんに贈る言葉

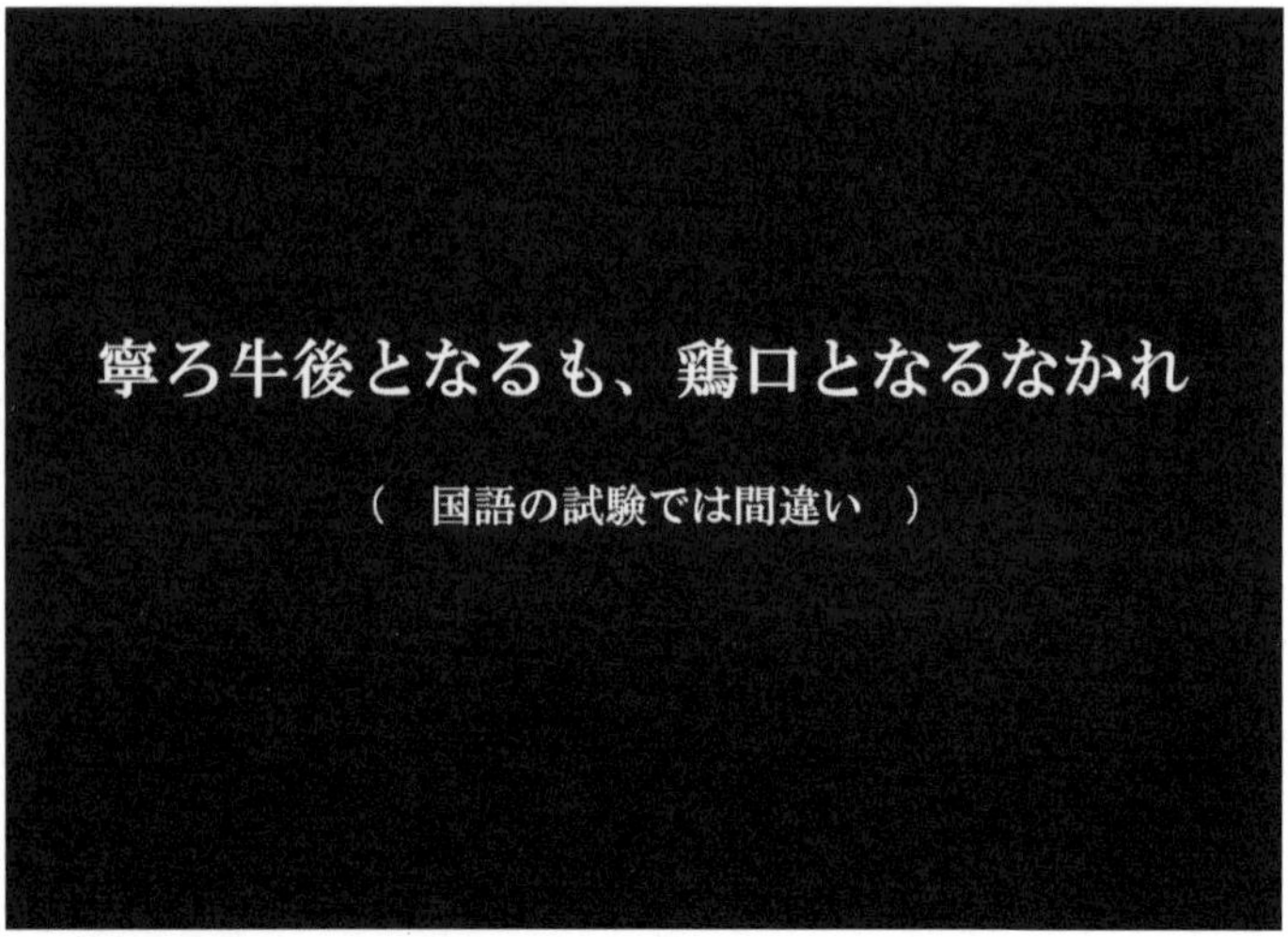
寧ろ牛後となるも、鶏口となるなかれ
（　国語の試験では間違い　）

【Ⅳ - Ⅰ】本来は「寧ろ鶏口となるも、牛後となるなかれ」である

## 「寧ろ牛後となるも、鶏口となるなかれ」

中国の諺《ことわざ》に「寧《むし》ろ鶏口となるも、牛後となるなかれ」とあります。「史記」に出てくる言葉です。

自分の力に合わないところへ行って対応できないで埋もれてしまうよりは、自分に合ったグループでリーダーになれという意味ですが、私は、本来は逆だと思います。

国語の試験でこう書くと間違いになってしまいますが、『寧ろ牛後となるも、鶏口となるなかれ』が大事です（図Ⅳ-Ⅰ）。

自分より上の人たちの中に身を投じて、そこから這い上がり上の方へ行くということがどうしても必要だと思います。お山の大将では自分に発展が無い。

自分より優れた人間はたくさんおり、そういう人たちを見つけたらくらいついて行く、その人の考え方やノウハウを全部盗む。盗むことは少しも恥ではありません。メンターという言葉もあります。

そういう人たちに食らいつき、実力で凌駕《りょうが》するように、課題を難しい所に設定し、自分のハードルを高くする。自分が手を伸ばしても届かない、ちょっと先に目標を設定する。

これから皆さんは色々な上司やリーダーを知るでしょう。自分がこの人だと思った人にくらいついて行けということです。

大きな人たちの群れで努力することで初めてその群れの前に行けます。鶏の中にいたらいつまでたってもお山の大将です。

優れた人たちを見続けることは非常に大事です。自分より一段上の人たちと交わり、お山の大将になるなかれ。

確かに自分に自分の実力以上の課題を設けることは大変です。だけれど、実力以上のアサインメントを課すことで、懸命に食らいつき、一生懸命努力して、少しずつ前へ行くことが大事だと思います。

手を伸ばし、届くかな、やっぱり届かない、というくらいのところに目標を置いて、そこへ向かって必死で努力をするということです。

## 「欲窮千里目　更上一層楼」

盛唐の詩人、王之渙《おうしかん》の「登鸛鵲楼（鸛鵲楼に登る）《かんじゃくろう》」という五言絶句の漢詩があります。

白日山に依りて尽き、黄河海に入りて流る。これは雄大な自然を詠《うた》った部分です。その後が大事だと思います。千里の目を窮《きわ》めんと欲し、更に上る一層の楼（図Ⅳ-Ⅱ）。鸛鵲楼は高い塔なので、一階上に登ろうが登るまいが、景色はもう変わらない。しかし、それでももう一階上がる。そして千里の眺めを窮めるのだ。

自分が今やっていることはもう十分だと思うが、さらにもう一歩やってみるのだ、というこの気持ちを持ち続けてほしい。

白日依山尽
黄河入海流
欲窮千里目
更上一層楼

王之渙「登鸛鵲楼」

【Ⅳ－Ⅱ】王之渙の詩「登鸛鵲楼」

楼に登って大きなパノラマが見える。もう一階上がっても大して変わらないかもしれないがもう一階上がってみる、という逞ましさがある漢詩です。

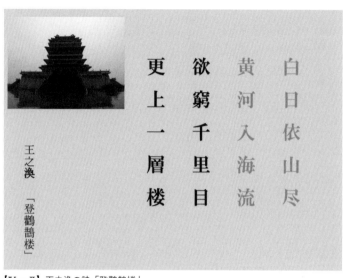

このような精神は、我々には出てこない。国土が広大でフロンティアを拓こうとする精神は、なかなか日本の国民性としてはありません。しかし、我々個人としては、自分の中で常に問題意識を持つことにより、フロンティアを広げることが可能です。

手を伸ばして届くところではなく、更に手を伸ばさなければ届かないところに課題を設定して突き進む。若い皆さんにはぜひやってもらいたい。

自分のツールの中だけで考えないで、どうやったらそのツールを増やせるかを考えて、目標を貫徹してください。

# 最後に

私の情熱の先のビジョンは、「日本の凋落《ちょうらく》を食い止めたい」という思いかもしれません。

誰がこんな国にしたのか。日本は本当は、もっともっと実力があるのです。なんで他の国から下に見られるようなことになるのでしょうか。このままの日本を見ながら死んでいくのは嫌なので、これからもお手伝いをしていきます。

頼まれればどこにだって話をしにいきます。黒を黒、白を白といえる国にしなければいけない。

もう一歩、皆さんの力を合わせれば、新しいムーブメントが起こるかもしれません。我々はあまりにも長い間、平和な安穏の中を生きてきました。日本ほど居心地の良い、清潔で、安全で、食べものが美味しくて、１０００円札があれば相当いろんなものが食べられる、こんな国は世界中のどこにもありません。

そして、その中で我々は安住してきたがために、残念ながら、日本はずるずると後退していってしまったわけです。

私は日本人が一番好きです。これほど優しくて、本来は相手のことを思いやる民族はいないと思います。

日本人の持っている資質の中で、国民性の中で、文化の中で、世界に胸を張れるものはいくつもあると思います。それが何であるかを、識別してもらいたいと思うんです。

何か新しい動きを、皆さんのような方々が作っていってほしいと思います。そういったことの集積にしか、日本が生きる道はないと思っています。

私はいろんなことを体験してやってきました。外務省で危ない仕事にもでくわしてきました。

でも、いつも、自分の情熱と意識で、通常できないことでも必ずできるという固い信念を持つに至っています。ぜひ皆さんも何か考えていただけたら幸いです。

今日、日本が難しい位置にいることをいろいろ話しましたが、ぜひ皆さんの若さと情熱でそれを乗り越えていってください。

終わります。

本書は筆者の２０１７年から２０１９年にかけての講演を、
岡本アソシエイツがテーマごとに編集したものです。

岡本行夫（おかもと・ゆきお）
1945（昭和20）年、神奈川県出身。一橋大学卒。1968（昭和43）年、外務省入省。1991（平成3）年退官、同年岡本アソシエイツを設立。橋本内閣、小泉内閣と2度にわたり首相補佐官を務める。外務省と首相官邸で湾岸戦争、沖縄問題、イラク復興、日米安全保障、経済案件等を担当。シリコンバレーでのベンチャーキャピタル運営にも携る。2011年東日本大震災後に「東北漁業再開支援基金・希望の烽火」を設立、東北漁業の早期回復を支援。MIT国際研究センターシニアフェロー、立命館大学客員教授、東北大学特任教授など教育者としても活躍。国際問題について政府関係機関、企業への助言活動の他、国際情勢を分析、執筆・講演・メディアなどで幅広く活動。
2020年4月24日新型コロナウイルス感染症のため死去。享年74。

日本《にほん》にとって最大《さいだい》の危機《きき》とは？
〝情熱《じょうねつ》の外交官《がいこうかん》〟岡本行夫《おかもとゆきお》 最後《さいご》の講演録《こうえんろく》

2021年1月30日　第1刷発行

著　者　岡本行夫《おかもとゆきお》
発行者　島田　真
発行所　株式会社　文藝春秋
東京都千代田区紀尾井町3-23
電話　03(3265)1211
郵便番号102-8008
印刷所　萩原印刷
製本所　大口製本
組　版　東畠史子
定価はカバーに表示してあります。万一、落丁乱丁の場合は送料当社負担でお取り替え致します。小社製作部宛お送り下さい。

ISBN978-4-16-391323-0